边坡工程机器视觉监测技术与应用

黄彦森　岑翼刚　等著

中国建筑工业出版社

图书在版编目（CIP）数据

边坡工程机器视觉监测技术与应用/黄彦森等著
. — 北京：中国建筑工业出版社，2024.2
ISBN 978-7-112-29658-3

Ⅰ.①边… Ⅱ.①黄… Ⅲ.①边坡—道路工程—计算机视觉—监测 Ⅳ.①U416.1

中国国家版本馆 CIP 数据核字（2024）第 055257 号

本书从边坡工程监测技术概述着手，介绍了边坡监测相关测量学的基本知识，并对机器视觉基础、目标检测与识别等内容进行了详细的介绍。为了便于机器视觉监测技术的推广和应用，本书增加了视觉监测系统硬件构成的章节以供参考，完整的监测系统均应依托大数据信息化监测平台，因此本书介绍了边坡监测信息化大数据平台建设的内容，并列举了大数据平台的案例，最后选取两个典型案例整理归纳，以全方位展示边坡工程机器视觉监测的过程和效果。

责任编辑：徐仲莉　张　磊
责任校对：赵　力

边坡工程机器视觉监测技术与应用
黄彦森　岑翼刚　等著
*
中国建筑工业出版社出版、发行（北京海淀三里河路9号）
各地新华书店、建筑书店经销
北京雅盈中佳图文设计公司制版
建工社（河北）印刷有限公司印刷
*
开本：787毫米×960毫米　1/16　印张：$14\frac{3}{4}$　字数：216千字
2024年4月第一版　2024年4月第一次印刷
定价：**148.00** 元
ISBN 978-7-112-29658-3
（42347）

版权所有　翻印必究
如有内容及印装质量问题，请与本社读者服务中心联系
电话：(010) 58337283　QQ：2885381756
（地址：北京海淀三里河路9号中国建筑工业出版社604室　邮政编码：100037）

本书编写委员会

著　者：黄彦森　岑翼刚　于　可　戴自然
　　　　冉　东　黄凤苗　武宁波　常娟娟
　　　　干　飞　毕　靖　李美霖　杨　杰
　　　　杨子厚　陈贵安　王　转　朱国良
　　　　谢永生　殷泽宇　王　珂

前　言

近几十年来，随着边坡工程技术的持续发展、结构理论的不断完善，我国城市化进程的加快，边坡工程呈现出多样性、复杂性的发展趋势，城市化进程的加速、人口集聚程度的增大、城市用地资源的紧缺，已经成为制约建筑行业发展的重要因素。城市建筑和市政基础设施建设带来的边坡工程，高度不断在提升，由此带来的边坡结构安全问题也越来越多地受到社会各界的关注。边坡工程建设是一项复杂、高风险的系统工程，投入大、参与人员众多、技术工艺复杂、施工环境多变，极易产生安全事故。由于安全事故是由各种风险因素共同作用的结果，因此，安全管理需要全面、及时、准确的知识支持。另外，边坡工程监测及预警预报，在城市防灾减灾工作中也是重要的组成部分，其安全运行直接关系到人民群众生命财产安全。

得益于数字新技术的迅猛发展，边坡安全性监测应运而生，蓬勃发展。目前，我国正从传统经济向数字新经济转变，新一轮技术革命的核心是数字技术革命，数字新技术主要包括大数据、云计算、物联网、区域链、人工智能五大技术。而监测具有数据量大、监测的项目种类及形式多样、监测数据影响因素多和需要及时（甚至实时）完成数据的处理分析等大数据的特征，借助传感器、物联网、云计算等技术，可以全面地监测在复杂施工过程、极端环境影响下的动态反应，据此保证边坡工程安全及实现科学决策。以数据为核心的大数据时代背景下，现场监测将被提升到与实验、理论和模拟相同甚至是更为重要的地位，这一点正暗合动态设计及信息化施工的本意，但是边坡监测技术也急需打破传统向更高效、更综合的方向发展，因此基于机器视觉技术的边坡安全监测技术应运而生。

本书从边坡工程监测技术概述着手，介绍了边坡监测相关测量学的基本知识，并对机器视觉基础、目标检测与识别等内容进行了详细的介绍。为了便于机器视觉监测技术的推广和应用，本书增加了视觉监测系统硬件构成的章节，以供参考。完整的监测系统均应依托大数据信息化监测平台，因此本书介绍了边坡监测信息化大数据平台建设的内容，并列举了大数据平台的案例。最后通过多项监测工程实践，选取两个典型案例整理归纳，以全方位展示边坡工程机器视觉监测的过程和效果。

本书立足边坡工程监测领域，内容丰富、资料翔实，具有较好的实用性和可操作性，可供边坡工程监测及与此相关的设计、施工、科研、监理、院校等单位人员使用。

目 录

绪 论 ·· 001

第 1 章 监测技术概述 ·· 005
1.1 传统边坡监测技术方法及特点 ·· 007
1.2 自动化边坡监测技术方法及特点 ·· 009
1.3 机器视觉发展史 ··· 012
1.3.1 国外机器视觉发展史 ·· 012
1.3.2 国内机器视觉发展史 ·· 013

第 2 章 测量基本知识 ·· 015
2.1 测量工作任务 ··· 016
2.1.1 测量学 ··· 016
2.1.2 测量学的学科分类 ··· 016
2.1.3 工程各阶段的测量任务 ··· 017
2.2 坐标系的概念 ··· 018
2.2.1 平面直角坐标系 ·· 018
2.2.2 高程坐标系 ·· 019
2.3 平面控制测量 ··· 020
2.3.1 角度测量 ··· 020

		2.3.2	距离测量	021

        2.3.2 距离测量 021
        2.3.3 方位角计算 022
        2.3.4 导线测量 024
  2.4 高程控制测量 027
        2.4.1 水准测量原理 027
        2.4.2 水准路线测量 030
        2.4.3 高程控制测量 031
  2.5 工程测量与视觉测量 032

第3章 机器视觉基础 033
  3.1 机器视觉基本概念 034
        3.1.1 机器视觉概念 034
        3.1.2 机器视觉的特点 035
  3.2 机器视觉系统与分类 036
        3.2.1 机器视觉系统 036
        3.2.2 机器视觉系统分类 038
  3.3 机器视觉应用 040
        3.3.1 机器视觉应用行业 040
        3.3.2 机器视觉测量技术 041
        3.3.3 机器视觉测量技术发展前景 041

第4章 机器视觉算法基础 043
  4.1 图像预处理 044
        4.1.1 直方图均衡化 044
        4.1.2 滤波 047
        4.1.3 图像二值化 048
        4.1.4 边缘检测 051

4.2 形态学 ………………………………………………………………… 053
    4.2.1 腐蚀与膨胀 …………………………………………………… 053
    4.2.2 连通区域检测 ………………………………………………… 054

4.3 角点检测、直线检测、重心点 …………………………………………… 056
    4.3.1 Harris 角点检测 ……………………………………………… 056
    4.3.2 Hough 变换 …………………………………………………… 059
    4.3.3 灰度重心法 …………………………………………………… 061

4.4 直线拟合 ………………………………………………………………… 062
    4.4.1 最小二乘法 …………………………………………………… 062
    4.4.2 RANSAC 算法 ………………………………………………… 064

4.5 图像特征提取 …………………………………………………………… 065
    4.5.1 SIFT …………………………………………………………… 066
    4.5.2 HOG …………………………………………………………… 081
    4.5.3 SURF ………………………………………………………… 086
    4.5.4 LBP …………………………………………………………… 094

第 5 章 目标检测与识别 …………………………………………………… 101

5.1 深度学习基本概念 ……………………………………………………… 102

5.2 图像分类 ………………………………………………………………… 102
    5.2.1 AdBoost ……………………………………………………… 102
    5.2.2 SVM …………………………………………………………… 103
    5.2.3 深度学习分类算法 …………………………………………… 104

5.3 目标检测 ………………………………………………………………… 106
    5.3.1 DPM 算法 ……………………………………………………… 106
    5.3.2 YOLO V3 ……………………………………………………… 106
    5.3.3 YOLO V5 ……………………………………………………… 108

第 6 章 硬件构成 ……………………………………………… 111

6.1 嵌入式硬件 …………………………………………… 112
6.1.1 树莓派 …………………………………………… 112
6.1.2 香橙派 …………………………………………… 114
6.1.3 Jetson Nano、Xavier …………………………… 114
6.1.4 K210 ……………………………………………… 115
6.1.5 RK3399 …………………………………………… 116

6.2 视觉光源 ……………………………………………… 116
6.2.1 线光源 …………………………………………… 116
6.2.2 面光源 …………………………………………… 116

6.3 视觉传感器 …………………………………………… 117
6.3.1 清晰度 …………………………………………… 117
6.3.2 焦距 ……………………………………………… 118
6.3.3 摄像机 …………………………………………… 118

6.4 畸变矫正 ……………………………………………… 119

第 7 章 边坡工程监测 …………………………………………… 131

7.1 边坡工程监测目的与监测内容 ………………………… 132
7.1.1 监测目的 ………………………………………… 132
7.1.2 监测内容 ………………………………………… 132
7.1.3 边坡监测技术要求 ……………………………… 133

7.2 边坡工程的变形监测 …………………………………… 134
7.2.1 边坡工程的控制 ………………………………… 134
7.2.2 边坡工程的变形控制措施 ……………………… 135
7.2.3 建筑边坡变形监测依据 ………………………… 138
7.2.4 滑坡监测 ………………………………………… 147

  7.2.5 基坑现场监测 ······ 148
7.3 边坡监测常用仪器设备 ······ 150
  7.3.1 应力计和应变计原理 ······ 150
  7.3.2 常用的几种传感器 ······ 151
  7.3.3 边坡位移测量常用设备 ······ 152
7.4 常用的监测方法 ······ 152
  7.4.1 宏观地质观测法 ······ 154
  7.4.2 简易观测法 ······ 154
  7.4.3 设站观测法 ······ 155
  7.4.4 仪表观测法 ······ 155
  7.4.5 自动遥测法 ······ 156
  7.4.6 其他监测法 ······ 156
7.5 综合监测网点的布置 ······ 157
  7.5.1 监测网型 ······ 158
  7.5.2 监测剖面 ······ 159
  7.5.3 监测点 ······ 160
7.6 监测时限与监测频率 ······ 161
7.7 深层位移曲线类型及分析 ······ 161

第 8 章 大数据信息化监测平台 ······ 163
8.1 大数据信息化监测平台概述 ······ 164
8.2 大数据信息化监测平台的基础技术 ······ 165
  8.2.1 系统环境及功能 ······ 165
  8.2.2 数据接入技术 ······ 166
  8.2.3 数据处理技术 ······ 166
  8.2.4 数据分析技术 ······ 167
  8.2.5 在线存储层 ······ 167

8.3 大数据信息化监测平台的组成及功能 ………………………… 167
8.3.1 数据交换系统 ………………………… 167
8.3.2 数据质控系统 ………………………… 170
8.3.3 数据监测系统 ………………………… 170
8.3.4 可视化系统 ………………………… 171
8.4 大数据信息化监测平台的实施作用 ………………………… 171
8.5 大数据信息化监测平台的功能扩展 ………………………… 172
8.6 大数据信息化监测平台案例 ………………………… 174
8.6.1 系统首页 ………………………… 174
8.6.2 监测项目类型 ………………………… 174
8.6.3 边坡工程信息 ………………………… 175
8.6.4 边坡工程控制面板 ………………………… 175
8.6.5 边坡工程数据告警 ………………………… 176
8.6.6 边坡工程数据比对 ………………………… 176
8.6.7 边坡工程数据关联 ………………………… 177
8.6.8 边坡工程相册 ………………………… 177
8.6.9 边坡工程报告管理 ………………………… 178

第9章 工程实践案例一 ………………………… 179
9.1 项目概况 ………………………… 180
9.1.1 项目简介 ………………………… 180
9.1.2 工程地质情况 ………………………… 180
9.1.3 岩土技术参数 ………………………… 182
9.1.4 支护形式 ………………………… 183
9.2 项目特征 ………………………… 186
9.2.1 监测必要性 ………………………… 186
9.2.2 监测方法 ………………………… 187

9.3 监测方案 …………………………………………………… 190

9.4 监测结果和评析 ……………………………………………… 197

第 10 章 工程实践案例二 …………………………………………… 201

10.1 项目概况 …………………………………………………… 202

10.1.1 项目简介 ……………………………………………… 202

10.1.2 工程地质情况 ………………………………………… 202

10.1.3 场地水文地质情况 …………………………………… 204

10.1.4 边坡支护形式 ………………………………………… 205

10.2 项目特征 …………………………………………………… 206

10.2.1 监测的必要性 ………………………………………… 206

10.2.2 监测方法 ……………………………………………… 207

10.2.3 监测项目 ……………………………………………… 209

10.3 监测方案 …………………………………………………… 210

10.4 监测结果和评析 …………………………………………… 214

参考文献 …………………………………………………………… 219

CHAPTER 0

绪 论

我国是一个多山国家，岩土地质结构复杂，地貌类型繁多，地形起伏较大，其中山地、丘陵约占国土面积的 2/3，而这类地形是地质灾害多发区域。改革开放以来，我国逐步获得"基建狂魔"的称号，上马了大批基建工程项目，受这些人类工程活动加上地震、极端天气的影响，岩土体内部应力状态由平衡—非平衡—平衡逐渐过渡，致使我国新建项目产生的边坡垮塌或者滑坡事故频发，其中尤以滑坡最为突出。据不完全统计，截至 2020 年年底，全国登记在册的地质灾害隐患点共有 328654 处，潜在威胁 1399 万人人身安全和 6053 亿元财产安全。按类型划分，滑坡 130202 处，崩塌 67383 处，泥石流 33667 处，不稳定斜坡 84782 处，其他类型地质灾害 12620 处。

发生在 2022 年 1 月 3 日毕节市第一人民医院分院双山北路的侧滑坡，3.5 万 m^3 的岩土体从工地的山坡上滑落，17 名人员受困于泥土之下。最终，滑坡共导致 14 人死亡，3 人受伤的重大安全事故，现场垮塌后的照片如图 0-1 所示。

图 0-1　毕节市第一人民医院分院双山北路侧滑坡现场

2017 年 8 月 28 日 10 时 40 分许，贵州省毕节市纳雍县张家湾镇普洒社区大树脚组发生一起山体滑坡，崩塌山体距离灾害地垂直落差约 200m，崩塌岩体为 60 余万立方米。地质灾害共造成 81 人受灾，因灾 1 人遇难、37 人失踪，受伤 2 人，倒塌民房 34 户 170 间。因灾直接经济损失 510 余万元人民币，现场垮塌后的照片如图 0-2 所示。

图 0-2 毕节市纳雍县 "8·28" 山体滑坡现场

2015 年 12 月 20 日，深圳市光明新区红坳渣土受纳场恒泰裕工业园山体发生了特别重大的滑坡事故，造成 73 人死亡、4 人失踪，直接经济损失人民币 8.8 亿余元（图 0-3）。

图 0-3 深圳市光明新区红坳渣土受纳场山体滑坡现场

通过这些案例不难看出，滑坡地质灾害对人类的生命财产安全威胁十分严峻，防控预警工作迫在眉睫，同时也对防控预警工作的科学性、有效性、及时性提出了新的要求。

2022 年自然资源部印发的《全国地质灾害防治"十四五"规划》明确要求，要以最大限度地避免和减少人员伤亡及财产损失为目标，建成系统、完善的监测预警体系。因此，科学的监测预警工作是防范地质灾害和保障人民生命财产安全的重要手段，对国民经济建设起着至关重要的作用。同时，通过定量化监测数据来客观反映边坡变形特征及变形规律，可为滑坡预警预判和风险管控提供重要依据。如今，地质灾害监测预警工作在中国开展了近 65 年，地质灾害监测手段以及监测方法得到多元化发展。变形监测手段实现了实时性、信息化、大数据处理，为地质灾害的预警、治理提供了有效手段。

  本书主要对机器视觉在滑坡变形监控预警中的应用展开介绍，其主要内容有监测技术概述、测量基本知识、机器视觉基础、机器视觉算法基础、目标检测与识别、硬件构成、边坡工程监测、大数据信息化监测平台、工程实践案例等。

CHAPTER 1

第1章
监测技术概述

传统边坡监测技术方法及特点
自动化边坡监测技术方法及特点
机器视觉发展史

边坡是指岩土体在自然重力作用或人为作用下形成的具有一定倾斜度的临空面，分为土质边坡和人工边坡。破坏的表现形式主要有坡顶拉裂、潜在滑裂面附近的剪切、坡体向临空面方向的蠕动（深层蠕动、浅层蠕动）、弯曲倾倒和挠曲变形、不均匀沉降等。常见的边坡支护形式有挡土墙、土钉墙、桩板式挡墙、抗滑桩、喷锚支护、锚索格构梁等。边坡垮塌或滑坡破坏是从渐变到突变的过程，破坏灾害出现前会有某种征兆，因此边坡发生破坏是可以提前预知的。对边坡采用合适的技术采集数据，根据采集所得历史数据，在数据一定的变化范围内，通过对数据处理结果进行分析得出边坡整体变形量及变形趋势。最后通过变形量和变形趋势来评价边坡是否会发生破坏。有鉴于此，边坡监控这项工作便应运而生，通过边坡监控，可以达到人们需求的很多用途：通过对边坡变形的监测，提供相关数据，以便对边坡稳定性作出正确评价，对于控制施工进程及施工和边坡运行过程中可能出现的险情及时预报，做好随时调整有关施工工艺的准备，有利于取得最佳经济效益。预报边坡未来的位移和变形趋势，为相关决策部门提供技术依据，以制订相应的对策。通过连续监测，预测滑坡体的规模、发生时间等相关信息，掌握滑坡体的滑动规律，及时制订防灾救灾对策，达到避免和减轻损失的目的。通过对已经发生破坏和加固处理后的滑坡进行变形监测，可以检验崩塌和衡量滑坡治理效果，为作出正确的分析评价报告提供技术依据。建立相关的数学模型，进行有关位移分析及数值模拟计算，从而为决策部门提供相应参数，为有关方面提供预报信息，以及时采取防灾救灾措施。因此，边坡的变形监测对边坡破坏的调查研究和治理工程及实时获取灾害预报信息有重大现实意义。

为了满足人们对边坡治理的需求，边坡监测的指标越来越多，监测频率、实时性越来越高，从大类上分可以分为传统的边坡监测和自动化边坡监测。目前，传统的边坡监测技术已趋于成熟，自动化边坡监测方兴未艾，技术不断地出现革新。传统的边坡变形监测主要通过一些比较成熟的非自动化的监测仪器设备来进行。

1.1 传统边坡监测技术方法及特点

传统边坡监测技术方法及特点详见表 1-1。常见的传统监测设备如图 1-1 所示。

传统边坡监测技术方法及特点　　　　　　　　表 1-1

监测内容	监测方法	主要监测仪器	监测特点	适用范围
地表变形	测缝法	测缝计、应变计、收敛计	投入快，精度高，方法简易直观，资料可靠；较易受环境及人为原因破坏等	岩土体裂缝张开、闭合、位错、升降变化的监测
	倾斜测量法	倾斜仪、表面倾角计、盘式倾斜计	精度高、成本低，受外界因素干扰少；但不能直接测得位移值	坡体、结构物变形监测
	大地测量法	水准仪、经纬仪、测距仪等	精度高、投入快、监测范围广，能确定位移方位及变形速率，但受地形和气候的影响	地表位移监测（各变形阶段）
		全站仪、电子经纬仪等	精度高（各变形阶段）、速度快、易操作，可自动跟踪连续观测，但受地形和气候的影响	地表位移监测（各变形阶段）
深部变形	测斜法	测斜仪	精度高、监测数据可靠、易保护，可以测定滑坡不同深度部位的变形特征以及确定滑动带位置；但成本较高，投入慢，且量程有限	滑坡变形初期监测
	应变量测法	多点位移计、滑动测微计、位错计	精度较高，易保护，可远程实时监控；但投入慢，成本较高	滑坡变形初期
结构应力	岩土体应力	岩体应力计、土压力盒、收敛计等	易受潮湿、强酸、强碱、锈蚀等环境影响	岩土体结构应力
环境因素	各类传感器监测土体含水率、地下水位、孔隙水压力、降雨量	土壤含水率计、水位计、孔压计、雨量计等	参数较单一，仪器安装烦琐，仪器成本较高	环境参数监测

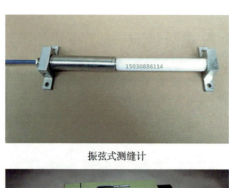
振弦式测缝计

水准仪

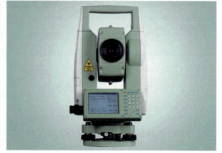
钻孔倾斜仪

土压力盒

全站仪

锚索应力计

钢筋应力计

图1-1 常见的传统监测设备示意图

1.2　自动化边坡监测技术方法及特点

1. 测量机器人

测量机器人是在全站仪基础上改进的能够代替人类进行搜索、跟踪、辨识并能精准获得距离、角度、三维坐标及影像信息的测量系统。其监测原理就是通过测量机器人对边坡表面预监测点放置的棱镜进行搜寻，自动收集、记录监测数据，最终对数据进行整理分析，并根据预设安全预警阈值进行自动预警报警，从而实现边坡变形的全方位监测。该监测技术精度高、速度快，并能进行多点监测，因此常被应用于特殊危险性环境和滑坡发生后的应急监测中。近年来，中国学者不断对该技术进行实际应用，以检验其监测效果。如李胜、张金钟都相继在露天矿边坡对其进行检验，结果表明该技术性能稳定，数据可靠，可以取得很好的监测效果，并对仪器的布设提出了合理化建议，可以说该监测技术为矿山安全生产提供了重要保障。

2. "3S" 技术

20世纪90年代以后，全球定位系统（GPS）、遥感技术（RS）、地理信息系统（GIS）等技术的迅猛发展为边坡变形监测工作提供了强大的支持。与传统的大地测量技术相比，该类技术具有自动化程度高、定位精度高、观测时间短、可以全天候实时监测地表位移、监测站之间不需要相互通视、可以实时处理分析数据等优点。与GPS类似的还有全球导航卫星系统（GNSS），其也应用于边坡监测。GNSS在测量效率和精度方面都有了显著提升。相对于常规的边角测量技术来说，GNSS定位技术主要有测站无须通视、定位精度高、观测时间短、同时获取三维坐标、操作简便、全天候操作、性价比高等优点。目前，GNSS方法主要应用于大面积、监测点不多的高边坡变形监测项目。RS技术在滑坡监测领域可以快速获得大范围研究区域的动态滑坡信息，并可以同步进行滑坡监测，具有覆盖范围广、获取信息快、受地面障碍限制小，并能连续反复进行观测等优点。

3. 机器视觉（近景摄影测量）

机器视觉技术即为近景摄影测量，近景摄影测量是由摄影测量发展二百多年至今的，经历了三个阶段：即模拟摄影测量、解析摄影测量、数字近景摄影测量（摄影测量、数字摄影测量、数字近景摄影测量）。数字近景摄影测量的基础是量测相机等设备及其生成的数字影像信息，通过运动计算机处理来完成。利用数字图像处理技术，能够准确地确定目标的空间位置，通过和初始位置作对比，一般可达到毫米（mm）级的变形测量精度。由于其具有安全、快速、价廉、无接触等众多优点，国内外有关近景摄影技术测量边坡的发展已经相对成熟。

在模拟阶段，数字近景摄影测量的摄影设备是量测用摄影机。模拟法的生产过程比较直观，但存在产品较单一、成果精度不高等缺点。20世纪60年代初期，第一批机器视觉计算机应用出现；20世纪70年代，数控正射投影仪和解析测图仪出现，一些专家学者提出高精度解析测图理论，使得近景摄影测量的严密解算成为可能，随着直接线性变换解法的提出，近景摄影测量开始不仅使用量测用摄影机，新型摄影机的使用促进了近景摄影测量的发展，预示着解析近景摄影测量阶段的到来。与模拟近景摄影测量相比，解析近景摄影测量具有能处理外业拍摄的近景影像，计算过程可应用多种技术提高精度，对仪器的空间限制没有更多要求等优点。但属于半自动的机助作业，即自动化程度不高。为了提高自动化程度，随着计算机技术的进一步发展，一些专家提出了一种新的影像匹配方法——最小二乘影像匹配法，成为了摄影测量步入数字摄影测量的开端。

与模拟、解析近景摄影测量相比，数字近景摄影测量具有以下优势：①原始影像主要是数字影像或数字化影像；②利用计算机及其相应外部设备，以计算机视觉代替人眼立体观测；③形成数字形式的产品。

基于以上优点，机器视觉监测技术完美地应用在边坡变形监测上，国内外成功案例非常多。例如，李宁（2006）基于传统近景摄影技术，开发了集成多种模型的滑坡预测预报系统，并验证了坡脚开挖模型试验中系统的可靠性。Ohnishi 等（2006）探讨了使用 Moore-Penrose 广义逆矩阵的分析方法来确定被监测边坡上的控制点位置，发现该方法可得到较高的测量准确度，因此验证了近景摄影技术适用于边坡表面变形监测。近三年，应用于边坡监测的机器视觉技术得到蓬勃发展，贵州联建土木工程质量检测监控中心有限公司将该技术与互联网结合起来，建立了大数据监测平台，让实时监测数据通过计算机、手机等媒介实现了实时反馈到管理者手中，真正意义上做到了对边坡的安全管控和治理。本书第 9 章、第 10 章均为该测量技术的实际应用案例。

本书列举的部分常见的自动化监测设备示意图如图 1-2 所示。

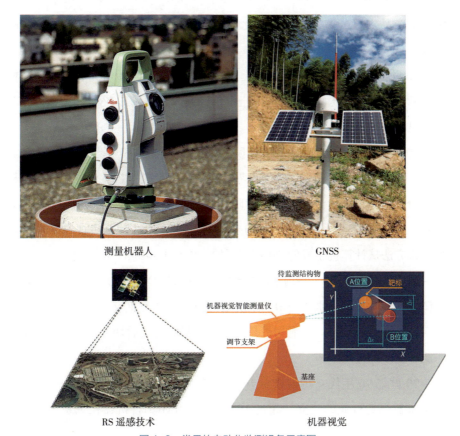

图 1-2　常见的自动化监测设备示意图

1.3 机器视觉发展史

机器视觉是一个发展相当迅速的新兴产业，机器视觉技术已经成为工业自动化领域的核心技术之一。我国机器视觉行业是伴随我国工业化进程的发展而发展起来的，下面对机器视觉的国内外发展史进行介绍。

1.3.1 国外机器视觉发展史

1960年机器视觉应用成为制造业的重要特征。如今，机器视觉系统为制造商提供了更大的灵活性和更多的自动化选项，主要应用于检测缺陷，对产品进行分类，这样效率比人工高得多，可以更高效地完成更多的任务。

20世纪60年代：拉里·罗伯茨（Larry Roberts）开始研究3D机器视觉，他在麻省理工学院（MIT）撰写博士学位论文，探讨从2D视图中提取3D几何信息的可能性。

20世纪70年代：麻省理工学院的人工智能实验室开设了"机器视觉"课程，研究人员开始处理"现实世界"对象和"低级"视觉任务（即边缘检测和分割）。1978年，麻省理工学院人工智能实验室的大卫·马尔（David Marr）取得了突破，创建了一种自上而下的方法通过计算机视觉来理解场景，该方法从计算机生成的2D草图开始，以获取最终的3D图像。

20世纪80年代：机器视觉开始在研究领域中兴起，并出现了新的理论和概念。光学字符识别（OCR）系统最初用于各种工业应用中，以读取和验证字母、符号和数字。智能相机是在20世纪80年代后期开发的，得到了更广泛和更多的应用。

20世纪90年代：机器视觉开始在制造环境中变得越来越普遍，从而带来机器视觉行业的建立，超过100家公司开始销售机器视觉系统。开发了用于机器视觉行业的 LED 灯，并在传感器功能和控制体系结构方面取得进步，从而进一步提高了机器视觉系统的功能。机器视觉系统的成本开始下降。

到了 21 世纪，机器视觉系统继续向前发展。高速度运行的产品的 3D 视觉系统正变得越来越成熟，并且可以轻松找到从热成像到斜率测量等所有功能的系统。机器视觉仍然是一个增长的市场。在机器视觉系统的开发中仍然存在许多挑战。许多现代机器视觉研究人员主张采用"自上而下"的异构方法。一种称为"目的视觉"的新理论正在探索这样一种想法，即不需要完整的 3D 对象模型即可实现许多机器视觉目标。目的远景要求算法是目标驱动的，并且本质上可能是定性的。

1.3.2 国内机器视觉发展史

今天，中国正成为世界上机器视觉发展最活跃的地区之一。其应用领域涵盖国民经济的各个行业，如工业、农业、医药、军事、航空航天、气象、天文、公安、交通、安全、科学研究等。重要原因是中国已成为全球制造业的加工中心。较高的工件加工要求和相应的先进生产线为中国带来许多具有国际先进水平的机器视觉系统和应用经验。

中国的机器视觉市场在 2010 年迎来了爆炸性增长。数据显示，当年中国机器视觉市场规模达到 8.3 亿元，同比增长 48.2%。其中，智能相机、软件、光源、卡片的增长率达到 50%，工业相机、镜头的增长率也保持在 40% 以上，是 2007 年以来的最高水平。

2011 年，中国机器视觉市场进入后增长调整期。与 2010 年的快速增长相比，尽管增长速度有所下降，但仍处于较高水平。2011 年，中国机器视觉市场规模为 10.8 亿元，同比增长 30.1%。其中，智能摄像头、工业摄像头、软件和主板保持了不低于 30% 的增长率，光源也达到了 28.6% 的增长率，远高于全球自动化市场的增长率。电子制造业仍然是需求快速增长的主要驱动力。2011年，机器视觉产品电子制造业市场规模5亿元，增长35.1%，市场份额达到46.3%。电子制造、汽车、制药机械和包装占机器视觉市场份额的近70%。

近年来机器视觉技术逐渐在各个领域广泛应用，如人工智能、智能驾驶、物联网、视觉识别、视觉定位等，为各个领域和行业提供了很大的便捷。

第 2 章
测量基本知识

测量工作任务
坐标系的概念
平面控制测量
高程控制测量
工程测量与视觉测量

2.1 测量工作任务

2.1.1 测量学

测量学是研究地球的形状、大小和确定地球表面点位的一门学科。其研究的对象主要是地球和地球表面上的各种物体，包括它们的几何形状、空间位置关系以及其他信息。测量学的主要任务有三个方面：一是研究确定地球的形状和大小，为地球科学提供必要的数据和资料；二是将地球表面的地物、地貌测绘成图；三是将图纸上的设计成果测设到现场。

随着科学的发展，测量工具及数据处理方法的改进，测量的研究范围已远远超过地球表面这一范畴。20世纪60年代，人类已经对太阳系的行星及其所属卫星的形状、大小进行了制图方面的研究，测量学的服务范围也从单纯的工程建设扩大到地壳的变化、高大建筑物的监测、交通事故的分析、大型粒子加速器的安装等各个领域。

2.1.2 测量学的学科分类

测量学是一门综合性的学科，根据其研究对象和工作任务的不同，可分为大地测量学、地形测量学、摄影测量与遥感学、工程测量学以及地图制图学等学科。

大地测量学是研究和确定地球形状、大小、重力场、整体与局部运动和地表面点的几何位置以及它们的变化的理论和技术的学科。其基本任务是建立国家大地控制网，测定地球的形状、大小和重力场，为地形测图和各种工程测量提供基础起算数据，为空间科学、军事科学及研究地壳变形、地震预报等提供重要资料。按照测量手段的不同，大地测量学又分为常规大地测量学、卫星大地测量学及物理大地测量学。

地形测量学是研究如何将地球表面局部区域内的地物、地貌等相关信息测绘成图的理论和方法的学科。目前比较常用的成图方式为地形图测绘。

摄影测量与遥感学是研究以电磁波的方式获取影像信息及处理的学科。其中摄影测量主要为地面摄影测量学、航空摄影测量学和航天遥感测量学。遥感的基本任务是通过对摄影相片或遥感图像进行处理、量测、解译，以测定物体的形状、大小和位置进而制作成图。

工程测量学是研究各种工程在规划设计、施工建设和运营管理各阶段所进行的各种测量工作的学科。目前工程测量在基础设施建设中起到至关重要的作用。

地图制图学是利用测量所得的资料，研究如何编绘成图以及地图制作的理论、方法和应用等方面的学科。

测量学各分支学科之间互相渗透、相互补充、相辅相成。本书主要讲述地形测量学与工程测量学的部分内容。主要介绍工业与民用建筑工程中常用的测量仪器的构造与使用方法，小区域大比例尺地形图的测绘及应用，建筑物和道路工程的施工测量以及高大建筑物变形监测和测量新技术在这些方面的应用。

2.1.3　工程各阶段的测量任务

测量学的任务包括测定和测设两部分。测定是指通过测量得到一系列数据，或将地球表面的地物和地貌缩绘成各种比例尺的地形图。测设是指将设计图纸上规划设计好的建筑物位置，在实地标定出来，作为施工的依据。

建筑工程测量学是运用测量学的基本原理和方法为各类建筑工程服务的一门学科。具体说就是研究建筑工程在勘测设计、施工建设和运营管理阶段所进行的各种测量工作的理论、技术和方法的学科。

任何一项工程都要经过勘测设计、工程施工、运营和管理等几个阶段。

勘测设计之前需要获取区域内设计相关资料，通常为地形图，因此在勘测设计之前需要通过地形图测绘的方式获取区域内的地形图，同时收集区域内的地质、经济、水文等其他方面的情况。而勘测设计则根据实测的地形图以及相关资料实施。

在施工阶段，主要有两部分工作，分别是施工测量以及施工放样，其中施工放样是将设计图纸上建筑物的空间位置在实际地面标定出来，而施工测量则是测量实际地物的坐标。

工程运营与管理阶段则是运用测量手段对建筑物进行监测。通过测量建筑物的空间位置，动态监测位移、倾斜、沉降情况，及时发现建筑物存在的问题，从而保障建筑物的安全。

由此可见，测量工作贯穿于工程建设的整个过程，测量工作直接关系到工程建设的速度和质量。所以，每一位从事工程建设的人员，都必须掌握必要的测量知识和技能。

2.2　坐标系的概念

空间是三维的，表示地面点在某个空间坐标系中的位置需要三个参数，确定地面点位的实质就是确定其在某个空间坐标系中的三维坐标。测量上将空间坐标系分解成确定点的球面位置的坐标系（二维）和高程系（一维）。

2.2.1　平面直角坐标系

地球是一个不可展的曲面，也就是展开后不能成为一个平面，因此我们可以考虑将地球投影到一个平面上或者是一个可以展开的曲面上。我国采用的是高斯-克吕格正形投影，简称高斯投影。

1. 高斯平面坐标系

高斯投影是德国数学家高斯在1820~1830年间，为解决德国汉诺威地区大地测量投影问题而提出的一种投影方法。1912年起，德国学者克吕格（Kruger）将高斯投影公式加以整理和扩充并推导出实用计算公式。

投影时是设想用一个空心椭圆柱横套在参考椭球外面，使椭圆柱与某一中央子午线相切，椭圆柱的中心轴通过参考椭球的中心。然后用一定的投影方法，将中央子午线两侧的区域投影到椭圆柱面上，再将此柱面展开即成为一个平面，然后就可以在该平面上定义平面直角坐标系。因此，高斯投影又称为横切椭圆柱正形投影。所谓正形投影，是指投影后在角度上不会变化，因此也叫等角投影。

2. 独立平面直角坐标

当测量区域较小时（如半径小于10km的范围），可以用测区中心点的切平面代替椭球面作为基准面。在切平面上建立独立平面直角坐标系，以南北方向为 X 轴，向北为正；以东西方向为 Y 轴，向东为正。为避免坐标出现负值，因此通常将坐标原点选在测区的西南角。

测量工作中的平面直角坐标系与笛卡尔直角坐标系的区别：

（1）坐标轴互换。

（2）象限顺序相反。笛卡尔坐标逆时针划分四个象限，测量平面直角坐标系相反。这样规定的好处是可以将数学中的公式直接应用到测量计算中而不需要转换。

2.2.2 高程坐标系

确定一个地面点的空间位置，除了要知道它的平面位置外，还要知道它在垂直方向上的位置。我们一般用高程来表示。

（1）绝对高程（高程、海拔）：地面点到大地水准面的铅垂距离。

（2）相对高程（假定高程）：地面点到假定水准面的铅垂距离。

（3）高差：地面上两点间的高程之差。

由于受潮汐、风浪等影响，海水面是一个动态的曲面。它的高低时刻在变化，通常是在海边设立验潮站，进行长期观测，取海水的平均高度作为高程零点。我国的验潮站设立在青岛，并在观象山建立了水准原点。1956年经过多年观测后，得到从水准原点到验潮站的平均海水面高程为72.289m。这个高程系统称为"1956年黄海高程系统"，全国各地的高程都是以水准原点为基准得到的。

20世纪80年代，我国根据验潮站多年的观测数据，又重新推算了新的平均海水面，由此测得水准原点的高程为72.260m，称为"1985年国家高程基准"。

2.3　平面控制测量

2.3.1　角度测量

角度测量包括水平角测量和竖直角测量。

2.3.1.1　水平角及其测角原理

1. 水平角的概念

一点到两目标的方向线沿竖直方向投影到水平面上所形成的水平夹角。

2. 测角原理

如图2-1所示。

水平角 $\beta = n - m$。

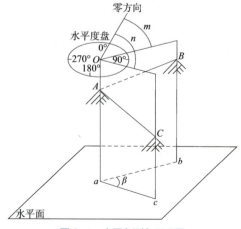

图2-1　水平角测角原理图

2.3.1.2 竖直角测角原理

1. 竖直角的概念

一点到目标方向线与水平面的夹角。仰角为正,俯角为负。

2. 测角原理

如图 2-2 所示。

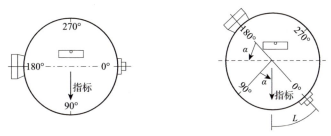

图 2-2 竖直角测角原理图

经纬仪就是根据上述角度测量的原理及要求设计和制造的角度测量仪器。

2.3.2 距离测量

测量距离的方法有很多种,常用的方法主要有以下三种。

2.3.2.1 直接丈量

直接丈量是用通过鉴定的尺子(钢尺、皮尺等)直接量取两点的距离,再进行一系列改正(如尺长、温度、倾斜的改正等),最后得到两点间的平距;当两点间的距离大于尺长时,可以先量取整尺段数,最后再量取不足整尺长的尾数,对每段进行改正后相加,即可求得两点间的平距。除此之外,直接测量还需要标杆、测钎等辅助工具,当涉及精密测量时还需要弹簧秤和温度计。

为保证量距的精度,在测量之前还需要进行尺长检定,获取尺长改正值,从而保证测量精度。直接测量虽然测量工具简单,但当地形比较复杂时,测量过程比较烦琐,测量效率较低。

2.3.2.2 视距测量

用装有视距丝的仪器（如经纬仪、平板仪）配合标尺通过测量求得仪器到标尺点的距离的方法称为视距测量。该方法受地形限制较小，方便快捷，但相比于直接丈量的方式精度较低，并且距离越大误差越大，因此视距测量通常应用于低精度、近距离测量。

2.3.2.3 电磁波测距

电磁波测距仪的基本原理是在电磁波传播速度已知的情况下，测得电磁波在两点之间的传输时间，从而求得距离，如图 2-3 所示。

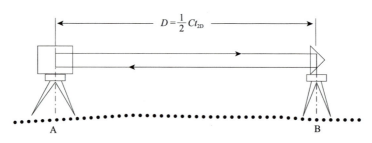

图 2-3　电磁波测距原理图

设从仪器点 A 发射的电磁波，经 B 点反射后再返回 A 点所用时间为 t_{2D}，则 AB 间的距离 D 可用下式求出：

$$D = \frac{1}{2} t_{2D} C \tag{2-1}$$

式中　C——电磁波传播速度。

与传统的距离测量方法相比，电磁波测距具有精度高、作业速度快、不受地形限制等优点，在现代测量中得到了广泛的应用。

2.3.3　方位角计算

测量工作中，常采用方位角表示直线的方向。从直线起点的坐标北方向北端起，顺时针方向量至该直线的水平夹角，称为该直线的坐标方位角。方位角取值范围是 0°～360°，用 α 表示。

1. 正、反坐标方位角

如图 2-4 所示，以 A 为起点、B 为终点的直线 AB 的坐标方位角 α_{AB}，称为直线 AB 的坐标方位角。而直线 BA 的坐标方位角 α_{BA}，称为直线 AB 的反坐标方位角。由图 2-4 可以看出，正、反坐标方位角间的关系为：

$$\alpha_{AB} = \alpha_{BA} \pm 180° \tag{2-2}$$

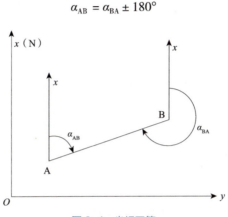

图 2-4　坐标正算

2. 坐标方位角的推算

在实际工作中并不需要测定每条直线的坐标方位角，而是通过与已知坐标方位角的直线连测后，推算出各直线的坐标方位角。如图 2-5 所示，已知直线 12 的坐标方位角 α_{12}，观测了水平角 β_2 和 β_3，要求推算直线 23 和直线 34 的坐标方位角。

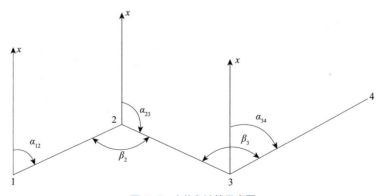

图 2-5　方位角计算示意图

由图 2-5 可以看出：

$$\alpha_{23} = \alpha_{21} - \beta_2 = \alpha_{12} + 180° - \beta_2 \quad (2-3)$$

$$\alpha_{34} = \alpha_{32} + \beta_3 = \alpha_{23} + 180° + \beta_3 \quad (2-4)$$

因 β_2 在推算路线前进方向的右侧，故该转折角称为右角；β_3 在左侧，则称为左角。从而可归纳出推算坐标方位角的一般公式为：

$$\alpha_{前} = \alpha_{后} + 180° + \beta_{左} \quad (2-5)$$

$$\alpha_{前} = \alpha_{后} + 180° - \beta_{右} \quad (2-6)$$

计算中，如果 $\alpha_{前} > 360°$，应自动减去 360°；如果 $\alpha_{前} < 0°$，则自动加上 360°。

2.3.4　导线测量

1. 导线路线的一般知识

按照不同的情况，导线可布设成下列几种形式。

1）闭合导线

如图 2-6（a）所示，导线起始于已知高级控制点 A，经各导线点，又回到 A 点，组成闭合多边形，此称为闭合导线。

2）附合导线

如图 2-6（b）所示，导线从一已知高级控制点 A 出发，经各导线点后，终止于另一个已知高级控制点 C，组成一伸展的折线，此称为附合导线。

3）支导线

如图 2-6（c）所示，导线从一已知高级控制点 A 出发，经各导线点后既不闭合也不附合于已知控制点，组成一开展形，此称为支导线。

由于支导线没有终止到已知控制点上，如出现错误不易发现，所以一般规定支导线不宜超过两个点。

2. 图根导线测量的外业工作

1）选点

导线点的选择直接关系着导线测量外业的难易程度，关系着导线点的

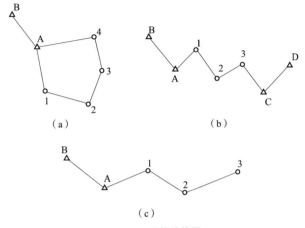

图 2-6 导线路线图
(a)闭合导线;(b)附合导线;(c)支导线

数量和分布是否合理,也关系着整个导线测量的精度和速度以及导线点的使用和保存。因此,在选点前应进行周密的研究与设计。

  选点一般根据已有资料、地形图、测图精度以及实地考察多方面结合,确定导线测量路线以及导线点。导线点确定以后,应当立即埋设标志。标志可以是临时性的,如图 2-7 所示。即在点位上打入木桩,在桩顶钉一钉子或刻画"+"字,以示点位。也可以是永久性标志,如图 2-8 所示,即埋设混凝土桩,在桩中心的钢筋顶面刻画"+"字。

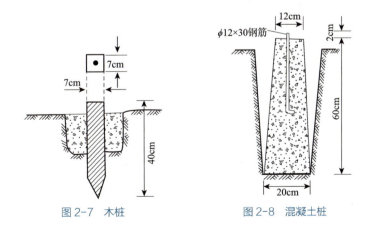

图 2-7 木桩　　　　　图 2-8 混凝土桩

标志埋设好后,对作为导线点的标志要进行统一编号,并绘制导线点与周围固定地物的相关位置图,称为点之记,如图2-9所示。

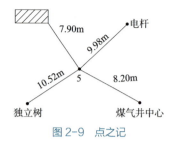

图2-9 点之记

2) 测角

根据导线路线,确定所测水平角是左角还是右角。前进方向左侧的水平角叫左角;前进方向右侧的水平角叫右角。测量人员一般习惯观测左角。对于闭合导线来说,若导线点按逆时针方向顺序编号,这样所观测的角既是多边形内角,又是导线的左角。

3) 量边

用光电测距仪测量边长时,应加入气象、倾斜改正等内容(目前大多数的测距设备中,只要设置好参数,均可以自动完成)。

4) 导线的定向

导线起止于已知控制点上,但为了控制导线方向,必须测定连接角,该项测量称为导线定向。

为了防止在连接时可能产生的错误(如瞄准目标等),在已知点上若能看见两个点时,则应观测两个连接角,如图2-10中 β_A、β_A';β_B、β_B' 所示。连接角的正确与否可根据 $\beta_A' - \beta_A$、$\beta_B' - \beta_B$ 的各自差值与相应两已知方向间的夹角 $\alpha_{AM} - \alpha_{AN}$、$\alpha_{BC} - \alpha_{BD}$ 相比较。

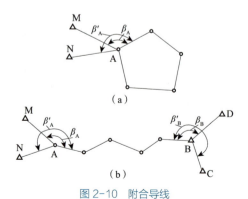

图2-10 附合导线

2.4 高程控制测量

2.4.1 水准测量原理

2.4.1.1 水准测量原理

水准测量是利用水平视线来求得两点的高差。例如图 2-11 中，为了求出 A、B 两点的高差 h_{AB}，在 A、B 两个点上竖立带有分划的标尺——水准尺，在 A、B 两点之间安置可提供水平视线的仪器——水准仪。当视线水平时，在 A、B 两个点的标尺上分别读得读数 a 和 b，则 A、B 两点的高差等于两个标尺读数之差。即：

$$h_{AB} = a - b \qquad (2-7)$$

如果 A 为已知高程的点，B 为待求高程的点，则 B 点的高程为：

$$H_B = H_A + h_{AB}（高差法） \qquad (2-8)$$

读数 a 是在已知高程点上的水准尺读数，称为"后视读数"；b 是在待求高程点上的水准尺读数，称为"前视读数"。高差必须是后视读数减去前视读数。高差 h_{AB} 的值可能是正，也可能是负，正值表示待求点 B 高于已知点 A，负值表示待求点 B 低于已知点 A。此外，高差的正负号又与测量进行的方向有关，例如图 2-11 中测量由 A 向 B 进行，高差用 h_{AB} 表示，其值为正；反之由 B 向 A 进行，则高差用 h_{BA} 表示，其值为负。所以，说明高差时必须标明高差的正负号，同时要说明测量进行的方向。

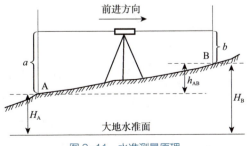

图 2-11 水准测量原理

由图 2-11 可以看出，B 点高程还可以通过仪器的视线高程 H 来计算，即

$$H = H_A + a \qquad (2-9)$$

$$H_B = H - b（仪高法）\qquad (2-10)$$

2.4.1.2 水准测量流程

使用水准仪的基本作业流程是：在适当位置安置水准仪，整平视线后读取水准尺上的读数。微倾式水准仪的操作应按下列步骤和方法进行。

1. 安置水准仪

首先打开三脚架，安置三脚架要求高度适当、架头大致水平并牢固稳妥，在山坡上应使三脚架的两脚在坡下、一脚在坡上。然后把水准仪用中心连接螺旋连接到三脚架上，取水准仪时必须握住仪器的坚固部位，并确认已牢固地连接在三脚架上之后才可放手。

2. 仪器的粗略整平

仪器的粗略整平是用脚螺旋使圆水准器的气泡居中。不论圆水准器在任何位置，先用任意两个脚螺旋使气泡移到通过圆水准器零点并垂直于这两个脚螺旋连线的方向上，如图 2-12 中气泡自 a 移到 b，如此可使仪器在这两个脚螺旋连线的方向处于水平位置。然后单独用第三个脚螺旋使气泡居中，如此使原两个脚螺旋连线的垂线方向亦处于水平位置，从而使整个仪器置平。如仍有偏差可重复进行。操作时必须记住以下三条要领：

（1）先旋转两个脚螺旋，然后旋转第三个脚螺旋。

（2）旋转两个脚螺旋时必须作相对的转动，即旋转方向应相反。

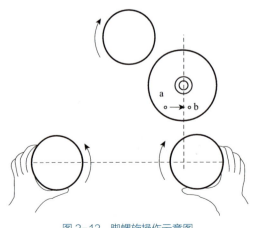

图 2-12　脚螺旋操作示意图

(3) 气泡移动的方向始终和左手大拇指移动的方向一致。

3. 照准目标

用望远镜照准目标，必须先调节目镜使十字丝清晰。然后利用望远镜上的准星从外部瞄准水准尺，再旋转调焦螺旋使尺像清晰，也就是使尺像落到十字丝平面上。这两步不可颠倒。最后用微动螺旋使十字丝竖丝照准水准尺，为了便于读数，也可使尺像稍偏离竖丝一些。当照准不同距离处的水准尺时，需重新调节调焦螺旋才能使尺像清晰，但十字丝可不必再调。

照准目标时必须消除视差。当观测时眼睛稍作上下移动，如果尺像与十字丝有相对的移动，即读数有改变，则表示有视差存在。其原因是尺像没有落在十字丝平面上 [图 2-13（a）、(b)]。存在视差时不可能得出准确的读数。消除视差的方法是一面稍旋转调焦螺旋一面仔细观察，直到不再出现尺像和十字丝有相对移动为止，即尺像与十字丝在同一平面上 [图 2-13（c）]。

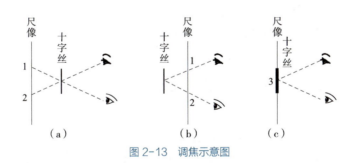

图 2-13　调焦示意图

4. 视线的精确整平

由于圆水准器的灵敏度较低，所以用圆水准器只能使水准仪粗略地整平。因此，在每次读数前还必须用微倾螺旋使水准管气泡符合，使视线精确整平。由于微倾螺旋旋转时，经常在改变望远镜和竖轴的关系，当望远镜由一个方向转变到另一个方向时，水准管气泡一般不再符合。所以，望远镜每次变动方向后，也就是在每次读数前，都需要用微倾螺旋重新使气泡符合。

5. 读数

用十字丝中间的横丝读取水准尺的读数。从尺上可直接读出米、分米和厘米数，并估读出毫米数，所以每个读数必须有四位数。如果某一位数是零，也必须读出并记录，不可省略，如 1.002m、0.007m、2.100m 等。由于望远镜一般为倒像，所以从望远镜内读数时应由上向下读，即由小数向大数读。读数前应先认清水准尺的分划特点，特别应注意与注字相对应的分米分画线的位置。为了保证得出正确的水平视线读数，在读数前和读数后都应该检查气泡是否符合。

2.4.2 水准路线测量

按照精度要求的不同，我国水准测量分为一、二、三、四等，还有不属于规定等级的水准测量，我们称为普通水准测量，又叫作等外水准测量。普通水准测量的精度比国家等级的精度要低，水准路线的布设及水准点的密度有着较大的灵活性，但等级水准测量的原理是相同的。

1. 水准点（Bench Mark）

用水准测量方法测定高程的控制点称为水准点，一般用其英文缩写 BM 表示。国家等级的水准点按要求埋设永久固定标志；不需永久保存的则在地面上打入木桩，或在地面、建筑物上设置固定标志，并标记。

2. 水准路线

水准测量的任务，是从已知高程的水准点开始测量其他水准点或地面点的高程。测量前应根据要求布置并选定水准点的位置，埋设好水准点标石，拟定水准测量进行的路线。水准路线的布设形式分为单一水准路线和水准网，单一水准路线有以下三种布设形式：

（1）附合水准路线是水准测量从一个高级水准点开始，结束于另一个高级水准点的水准路线。这种形式的水准路线，可使测量成果得到可靠的验核［图2-14（a）］。

（2）闭合水准路线是水准测量从一个已知高程的水准点开始，最后又闭合到起始点上的水准路线。这种形式的水准路线也可以使测量成果得到验核［图2-14（b）］。

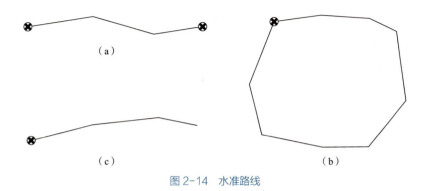

图 2-14 水准路线

（3）水准支线是由一个已知高程的水准点开始，最后既不附合也不闭合到已知高程的水准点上的一种水准路线。这种形式的水准路线由于不能对测量成果自行检核，因此必须进行往测和返测，或用两组仪器进行并测[图 2-14（c）]。

水准网：当几条附合水准路线或闭合水准路线连接在一起时，就形成了水准网。水准网可使检核成果的条件增多，因而可提高成果的精度。

2.4.3 高程控制测量

三、四等水准测量，常作为小地区测绘大比例尺地形图和施工测量的高程基本控制。高程测量是测量工作三大基本内容之一。水准测量是高程测量的一种方法。

四等水准测量与普通水准测量的异同点：

（1）相同点：都需要拟定水准路线、选点、埋点和观测等程序。

（2）不同点：四等水准测量必须使用双面尺观测，记录计算、观测顺序、精度要求不同。

四等水准路线一般沿道路布设，尽量避开土质松软地段，水准点间距一般为 2～4km，在城市建筑区为 1～2km。水准点应选在地基稳固、能长久保存和便于观测的地点（表 2-1）。

四等水准技术要求　　　　　　　　表 2-1

技术项目	四等水准测量	三等水准测量
1. 仪器与水准尺	DS3 水准仪双面水准尺	DS3 水准仪双面水准尺
2. 测站观测顺序	后后前前	后前前后
3. 视线最低高度	三丝能读数	三丝能读数
4. 视线长度	≤ 100m	≤ 75m
5. 前后视距差	≤ ±3m	≤ ±2m
6. 视距读数法	直读视距	三丝读数（上－下）
7. K + 黑－红	≤ ±3mm	≤ ±2mm
8. 黑红面高差之差	≤ ±5mm	≤ ±3mm
9. 前后视距累计差	≤ ±10m	≤ ±5m
10. 路线总长度	≤ 80km	≤ 200km
11. 高差闭合差	$\pm 20\sqrt{L}$ mm	$\pm 12\sqrt{L}$ mm
12. 其他	每一测段为偶数站	每一测段为偶数站

2.5 工程测量与视觉测量

随着技术的发展，边坡监测逐渐智能化，目前边坡监测主要采用的方式为 GNSS 静态测量以及运用全站仪和激光雷达等方式进行测量。无论是通过全站仪还是激光雷达，都是通过采集监测点坐标的方式，对监测点进行位移监测，从而确保边坡安全。

当前边坡监测效率较低，并且成本较高。而视觉测量能够很好地解决精度和效率以及成本问题，目前视觉测量监测边坡精度可以达到毫米级，并且可以同时完成多个监测点监测，效率和精度都得到很大的提升。为保证视觉监测系统的精度，需要定期对视觉监测设备自身位置进行测量，确保监测设备自身未发生位移以及沉降，从而保证测图的精度。对于监测设备的位置主要通过全站仪采用碎步测量的方式获取信息，包含坐标信息以及高程信息，并对各个时刻监测设备的位置信息进行分析，观测其变化情况。

CHAPTER 3

第 3 章

机器视觉基础

机器视觉基本概念
机器视觉系统与分类
机器视觉应用

3.1 机器视觉基本概念

3.1.1 机器视觉概念

机器视觉就是用机器代替人眼来作测量和判断。机器视觉主要利用计算机来模拟人的视觉功能,再现与人类视觉有关的某些智能行为,从客观事物的图像中提取信息进行处理,并加以理解,最终用于实际检测和控制。机器视觉是一项综合技术,其包括数字处理、机械工程技术、控制、光源照明技术、光学成像、传感器技术、模拟与数字视频技术、计算机软硬件技术和人机接口技术等,这些技术相互协调才能构成一个完整的工业机器视觉系统。

机器视觉强调实用性,要能适应工业现场恶劣的环境,并要有合理的性价比、通用的通信接口、较高的容错能力和安全性、较强的通用性和可移植性。其更强调的是实时性,要求高速度和高精度,且具有非接触性、实时性、自动化和智能高等优点,有着广泛的应用前景。

一个典型的工业机器人视觉应用系统包括光源、光学成像系统、图像捕捉系统、图像采集与数字化模块、智能图像处理与决策模块以及控制执行模块。通过 CCD 或 CMOS 摄像机将被测目标转换为图像信号,然后通过 A/D 转换成数字信号传送给专用的图像处理系统,并根据像素分布、亮度和颜色等信息,将其转换成数字化信息。图像系统对这些信号进行各种运算来抽取目标的特征,如面积、数量、位置和长度等,进而根据判别的结果来控制现场的设备动作。

机器人要对外部世界的信息进行感知,就要依靠各种传感器。就像人类一样,在机器人的众多感知传感器中,视觉系统提供了大部分机器人所需的外部相界信息。因此,视觉系统在机器人技术中具有重要的作用。依据视觉传感器的数量和特性,目前主流的移动机器人视觉系统有单目视觉、双目立体视觉。

（1）单目视觉：单目视觉系统只使用一个视觉传感器。单目视觉系统在成像过程中由于从三维客观世界投影到 N 维图像上，从而损失了深度信息，这是此类视觉系统的主要缺点。尽管如此，单目视觉系统由于结构简单、算法成熟且计算量较小，在自主移动机器人中已得到广泛应用，如用于目标跟踪、基于单目特征的室内定位导航等。同时，单目视觉是其他类型视觉系统的基础，如双目立体视觉、多目视觉等都是在单目视觉系统的基础上，通过附加其他手段和措施而实现的。

（2）双目立体视觉：双目视觉系统由两部摄像机组成，利用三角测量原理获得场景的深度信息，并且可以重建周围景物的三维形状和位置，类似人眼的体视功能，原理简单。双目视觉系统需要精确地知道两部摄像机之间的空间位置关系，而且场景环境的 3D 信息需要两部摄像机从不同角度，同时拍摄同一场景的两幅图像，并进行复杂的匹配，才能使得立体视觉系统能够比较准确地恢复视觉场景的三维信息，在移动机器人定位导航、避障和地图构建等方面得到了广泛的应用。然而，立体视觉系统的难点是对应点匹配的问题，该问题在很大程度上制约着立体视觉在机器人领域的应用前景。

3.1.2 机器视觉的特点

机器视觉最大的特点就是非接触观测技术。非接触、无磨损，避免了接触观测可能造成的二次损伤隐患。

（1）精度高：在精确性上机器有明显的优点，它的精度能够达到千分之一英寸（1 英寸 =2.54cm），而且机器不受主观控制，只要参数设置没有差异，相同配置的多台机器均能保持相同的精度。

（2）连续性：机器视觉体系能够使人们免受疲惫之苦。由于没有人工操作者，也就没有了人为构成的操作改变。多个体系能够设定独自运行。

（3）灵活性：机器视觉体系能够进行各种不同的信息获取或丈量。当运用改变之后，只需软件作相应改变升级以满足新的需求即可。

（4）规范性：机器视觉体系的中心是视觉图画技能，因而不同厂商的机器视觉体系产品其规范是共同的,这为机器视觉的广泛运用提供了极大的便利。

3.2 机器视觉系统与分类

3.2.1 机器视觉系统

3.2.1.1 机器视觉系统的构成

机器视觉技术用计算机来分析一个图像,并根据分析得出结论。目前机器视觉有两种应用:一种是机器视觉系统可以探测部件,在此种应用中光学器件允许处理器更精确地观察目标并对哪些部件可以通过、哪些需要废弃作出有效的决定;另一种是机器视觉也可以用来创造一个部件,即运用复杂光学器件和软件相结合直接指导制造过程。

尽管机器视觉应用各异,但都包括以下几个过程:

(1)图像采集:光学系统采集图像,图像转换成模拟格式并传入计算机存储器。

(2)图像处理:处理器运用不同的算法来提高对结论有重要影响的图像要素。

(3)特性提取:处理器识别并量化图像的关键特性。

(4)判决和控制:处理器的控制程序根据收到的数据作出结论。对图像处理结果进行理解与识别,获得测量结果或逻辑控制,并由通信控制单元发送给外部控制机构。

3.2.1.2 图像采集

图像的获取实际上是将被测物体的可视化图像和内在特征转换成能被计算机处理的数据,它直接影响到系统的稳定性及可靠性。一般利用光源、光学系统、相机、图像处理单元(或图像捕获卡)获取被测物体的图像。

1. 光源

光源是影响机器视觉系统输入的重要因素,因为它直接影响输入数据的质量和至少 30% 的应用效果。由于没有通用的机器视觉照明设备,所以针对每个特定的应用实例,要选择相应的照明装置,以达到最佳效果。

由光源构成的照明系统按其照射方法可分为背向照明、前向照明、结构光照明和频闪光照明等。其中,背向照明是被测物放在光源和相机之间,它的优点是能获得高对比度的图像;前向照明是光源和相机位于被测物的同侧,这种方式便于安装;结构光照明是将光栅或线光源等投射到被测物上,根据它们产生的畸变,解调出被测物的三维信息;频闪光照明是将高频率的光脉冲照射到物体上,要求相机的扫描速度与光源的频闪速度同步。

2. 光学系统

对于机器视觉系统来说,图像是唯一的信息来源,而图像的质量是由光学系统的恰当选择来决定的。由于图像质量差引起的误差不能用软件纠正,机器视觉技术把光学部件和成像电子结合在一起,并通过计算机控制系统来分辨、测量、分类和探测正在通过自动处理系统的部件。机器视觉系统通常能快到 100% 地探测所处理的产品而不会降低生产线的速度。光学系统的主要参数与图像传感器的光敏面的格式有关,一般包括光圈、视场、焦距、F 数等。

3. 相机

相机实际上是一个光电转换装置,即将图像传感器所接收到的光学图像,转化为计算机所能处理的电信号。光电转换器件是构成相机的核心器件。目前,典型的光电转换器件为真空摄像管及 CCD、CMOS 图像传感器等。

3.2.1.3 图像的处理和分析

在机器视觉系统中,相机的主要功能是将光敏元件所接收到的光信号转换为电压的幅值信号输出。若要得到被计算机处理与识别的数字信号,还需对视频信息进行量化处理。图像采集卡是进行视频信息量化处理的重要工具。

1. 图像采集/处理卡

图像采集卡主要完成对模拟视频信号的数字化过程。视频信号首先经低通滤波器滤波，转换为在时间上连续的模拟信号；按照应用系统对图像分辨率的要求，对视频信号在时间上进行间隔采样，把视频信号转换为离散的模拟信号；然后再由 A/D 转换器转变为数字信号输出。而图像采集/处理卡在具有模数转换功能的同时，还具有对视频图像分析、处理功能，同时可对相机进行有效的控制。

2. 图像处理软件

机器视觉系统中，视觉信息的处理技术主要依赖于图像处理方法，它包括图像增强、数据编码和传输、平滑、边缘锐化、分割、特征抽取、图像识别与理解等内容。经过这些处理后，输出图像的质量得到相当程度的提高，既改善了图像的视觉效果，又便于计算机对图像进行分析、处理和识别。

3.2.1.4 通信控制与终端监控

通信控制单元包含输入/输出（I/O）接口、运动控制等。图像处理软件完成图像处理后，将处理结果输出至图像监视单元，同时通过电控单元传递给机械单元执行相应的操作，如剔除、报警、目标位置锁定等动作。这种比较复杂的逻辑和控制必须依靠编程实现。而终端监控则是将控制结果、监测结果在软件界面进行显示。

3.2.2 机器视觉系统分类

1. 按操作方式分类

机器视觉系统根据操作方式、使用的简易程度，一般可以分为两种：

（1）可配置的视觉系统。可配置的视觉系统集底层开发和应用开发于一体，提供通用的应用平台，系统模块设计包含众多的视觉模块，把核心系统与应用工艺进行垂直整合、设计，工具可自由添加，灵活配置，无须编程，像家用电器一样简单适用。视觉工程师只需学习如何设置视觉系统，就可以配置和部署好整个解决方案。

（2）可编程的视觉系统。可编程的视觉系统是根据用户的实际需求进行的开发。通常情况下需要从视觉器件公司采购合适的工业相机、镜头以及光源，同时还需要具备可编程的配套软件。用户根据硬件以及配套软件结合开源的函数库及基础源代码进行二次开发。

2. 按性能分类

机器视觉系统按照性能可以分为以下三种：

（1）视觉传感器。视觉传感器一般是嵌入式一体化产品，处理器配置较低，视觉工具较少。视觉传感器的图像采集单元主要由 CCD 芯片或 CMOS 芯片、光学系统、照明系统等组成。图像采集单元将获取的光学图像转换成数字图像，传递给图像处理单元。图像分析是在视觉传感器里面完成的。视觉传感器具有低成本和易用的特点。视觉传感器的工业应用包括有无检测、正反检测、方向检测、尺寸测量、读码及识别等。

（2）智能相机。智能相机并不是一台简单的相机，而是一种高度集成化的微小型嵌入式机器视觉系统，处理器配置较高，视觉软件工具较多。智能相机集图像信号采集、模/数转换及图像信号处理于一体，能直接给出处理的结果。其大小与一部普通家用相机差不多，所有功能包括视觉处理都在一个小盒子里完成。由于应用了数字信号处理器、现场可编程门阵列及大容量存储技术，其智能化程度不断提高。通过软件配置，可轻松实现各种图像处理与识别功能，满足多种机器视觉的应用需求。

（3）视觉处理器。视觉处理器一般要基于计算机（x86 架构，多用 Microsoft Windows 操作系统）视觉系统和工业计算机，开发合适的机器视觉软件，再配合光学成像硬件（如工业相机、镜头和光源等），实现工业自动化所需的定位、测量、识别、控制等功能。视觉处理器的图像处理、通信及存储功能由控制器完成。控制器提供相机接口，可以与多台不同类型的工业相机相连，共同完成图像采集、处理及结果输出任务。理想情况下，我们希望来自不同厂商的硬件和软件能够相互兼容、相互支持，实现数据共享。但事实并非如此，通常情况下，机器视觉系统必须被添加到现有设备系统中，而这些系统往往包含了来自不同厂商专用接口的设备。通常视觉处理器尺寸较大、结构复杂，开发周期较长，但处理能力强、软件资源丰富，可达到理想的精度和速度，能实现较为复杂的系统功能。它在测量精度、检测速度、灵活性等方面具有绝对优势，因此占据了相对较高的行业份额。

3.3　机器视觉应用

3.3.1　机器视觉应用行业

1. 烟草行业应用

为提高烟草的生产效率，机器视觉已经广泛应用于烟草行业。主要体现在烟支外观检测和小包、条包外观质量检测等方面。通过机器视觉方式检测钢印模糊、图案缺少、位置跑偏、图案及钢号使用错误等质量问题，以及检测小包破损、翘边、翻盖、露白、反包、包装错位等问题，从而提高烟草生产质量以及效率。

2. 医疗检测应用

随着机器视觉的高速发展，其在医学领域也广泛应用。机器视觉技术在医学领域中不仅可以对医学设备质量进行检测，保证医学设备的可靠性。同时，机器视觉技术在医学检查中也起到广泛作用，比如核磁共振、X射线等，为医疗诊断提供依据，同时通过图像处理技术提高医疗诊断效率。

3. 交通领域应用

机器视觉技术在交通领域主要应用于视频监测、智能驾驶、道路交通安全等方面。通过视频监测对车辆、行人进行跟踪、识别，有助于突发交通事故分析及处理。在智能驾驶方面，主要应用于智能识别、智能定位、智能决策。在道路安全方面，主要应用于道路安全问题的识别以及反馈。

4. 其他应用

相对国外，国内计算机视觉技术应用研究起步较晚，与国外有差距，还需进一步在深度、广度及实践方面作出努力。其中，字符识别技术是机器视觉领域的一个重要分支，在文字信息处理、办公自动化、实时监控系统等高技术领域，都有重要的使用价值和理论意义。

3.3.2 机器视觉测量技术

机器视觉测量技术，其原理主要是通过机器视觉产品将被摄取目标转换成图像信号，并经图像处理系统转换得到数字化信号，用以判别被摄取目标特征。其中，工业相机作为机器视觉的关键组件，机器视觉的基本模型就是用工业相机通过小孔成像原理得出的，即测量时将空间的某一点坐标成像在相机图像坐标系中，再用图像坐标系中已知坐标的像点来反推空间的该点坐标。

3.3.3 机器视觉测量技术发展前景

机器视觉测量技术目前主要应用于摄影测量、建筑物监测等。在摄影测量方面目前以无人机测绘为主，主要有倾斜摄影测量、近景摄影测量、贴近摄影测量等，从而获取测量区域影像数据，根据立体像对构建三维模型，从而获取建（构）筑物以及地形、地貌的空间位置信息。在建筑物监测方面，主要有道路、桥梁、隧道、边坡、房屋的监测，通过视觉测量技术实时动态监测建筑物的位置信息。通过动态分析位置信息，从而判断建筑物安全与否，保证监测效率以及建筑物质量。

由于机器视觉技术应用越来越广泛，因此未来机器视觉测量技术将在工程领域得到充分的推广及应用。其较高的精度以及效率，未来将成为测绘领域的重要分支。

CHAPTER 4

第 4 章
机器视觉算法基础

图像预处理
形态学
角点检测、直线检测、重心点
直线拟合
图像特征提取

4.1 图像预处理

4.1.1 直方图均衡化

如果一幅图像的灰度直方图几乎覆盖整个灰度的取值范围，并且除了个别灰度值的个数较为突出外，整个灰度值分布近似于均匀分布，那么这幅图像就具有较大的灰度动态范围和较高的对比度，同时图像的细节更为丰富。仅仅依靠输入图像的直方图信息，就可以得到一个变换函数，利用该变换函数可以使输入图像达到上述效果，该过程就是直方图均衡化。

计算过程：

（1）得到原始图片的灰度直方图；

（2）得到各个灰度级对应的概率密度函数；

（3）通过概率密度函数得到累积分布函数；

（4）累积分布函数乘以255，得到每一个灰度级对应的新的灰度；

（5）通过第（4）步的结果，将旧的灰度映射得到新的灰度，即更新整张图片的灰度。

例：一幅 64×64 的 8 个灰度级的图像，R_k 为灰度级，N_k 为该灰度级下的像素的数目，P_k 为该灰度级占整幅图的概率，计算结果见表 4-1 ~ 表 4-4。

原始灰度级图像像素分布表　　　　　　表 4-1

灰度级（R_k）	像素数量（N_k）
$R_0 = 0$	790
$R_1 = 1$	1023
$R_2 = 2$	850
$R_3 = 3$	656
$R_4 = 4$	329
$R_5 = 5$	245
$R_6 = 6$	122
$R_7 = 7$	81

原始灰度级图像像素分布概率表 表4-2

灰度级（R_k）	概率分布（P_k）
0	0.19
1	0.44
2	0.65
3	0.81
4	0.89
5	0.95
6	0.98
7	1

灰度级映射表 表4-3

原灰度级	新灰度级	四舍五入后的新灰度级
0	1.33	1
1	3.08	3
2	4.55	5
3	5.67	6
4	6.23	6
5	6.65	7
6	6.86	7
7	7	7

映射到新灰度级的像素数量 表4-4

新灰度级	原灰度级	像素数量
1	0	790
3	1	1023
5	2	850
6	3 和 4	985
7	5、6 和 7	448

一张图像的对比度可以理解为图像中细节可被肉眼分辨的程度，而图像的均衡化可以增强图像的对比度，可以通过灰度直方图来体现图像的对比度，如图 4-1 所示。在直方图中，较灰暗图像的颜色直方图往往分布在一个比较小的像素值范围内，而较为清晰图像的颜色直方图在整个像素灰度值范围内分布得比较均匀。因此，我们可以得出图像对比度越高，在由灰度/像素数量构成的直角坐标系中横向跨度越大，纵向长度越趋于一致。在横坐标上跨度越长，说明图像中使用的灰度值越多，也就能够更加清晰地反映图像中每一个细节与它周围的细节直接的差别。

直方图均衡化的缺点：如果一幅图像整体偏暗或者偏亮，那么直方图均衡化的方法很适用。但直方图均衡化是一种全局处理方式，它对处理的数据不加选择，可能会增加背景干扰信息的对比度并且降低有用信号的对比度（如果图像某些区域对比度很好，而另一些区域对比度不好，那么采用直方图

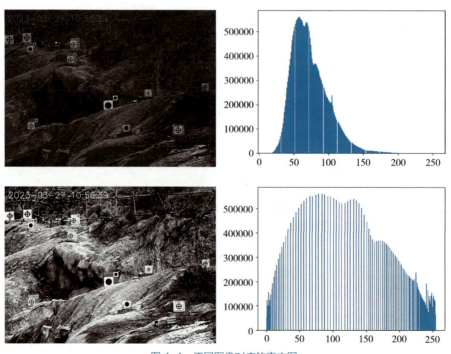

图 4-1　不同图像对应的直方图

均衡化就不一定适用）。此外，均衡化后图像的灰度级减少，某些细节将会消失；某些图像（如直方图有高峰）经过均衡化后对比度不自然地过分增强。

4.1.2 滤波

（1）均值滤波：均值滤波是典型的线性滤波算法，用当前像素点周围 $N \times N$ 个像素值的均值来代替当前像素值，使用该方法遍历处理图像内的每一个像素点，可完成整幅图像的均值滤波。通常情况下会以该当前像素为中心，对行数和列数相等的一块区域内的所有像素点的像素取平均值。

（2）中值滤波：中值滤波是一种非线性平滑技术，它将每一个像素点的灰度值设置为该点某邻域窗口内的所有像素点灰度值的中值。中值滤波是基于排序统计理论的一种能有效抑制噪声的非线性信号处理技术，其基本原理是选取数字图像或数字序列中像素点及其周围邻近像素点（一共有奇数个像素点）的像素值，将这些像素值排序，然后将位于中间位置的像素值作为当前像素点的像素值，让周围的像素值接近真实值，从而消除孤立的噪声点。如图 4-2 所示，（a）为引入噪声的图像，（b）(c) 为使用中值滤波处理后的图像。

（3）高斯滤波：是一种线性平滑滤波，适用于消除高斯噪声，广泛应用于图像处理的减噪过程。通俗地讲，高斯滤波就是对整幅图像进行加权平均的过程，每一个像素点的值，都由其本身和邻域内的其他像素值经过加权平均后得到。高斯滤波的具体操作是：用一个模板（或称卷积、掩模）扫描图像中的每一个像素，用模板确定的邻域内像素的加权平均灰度值去替代模板中心像素点的值。对应均值滤波和方框滤波来说，其邻域内每个像素的权重是相等的。而在高斯滤波中，会将中心点的权重值加大，远离中心点的权重值减小，在此基础上计算邻域内各个像素值不同权重的和。滤波过程中使用的高斯函数如下：

$$G(x, y) = \frac{1}{2\pi\sigma^2} e^{-\frac{x^2+y^2}{2\sigma^2}} \qquad (4-1)$$

原始图像　　　　　　　　　　卷积核大小：3

（a）　　　　　　　　　　　　　　　　（b）

卷积核大小：45

（c）

图 4-2　中值滤波处理图像

（a）原始图像；（b）卷积核大小为 3 处理后的图像；（c）卷积核大小为 45 处理后的图像

4.1.3　图像二值化

图像二值化就是将图像上的像素点的灰度值设置为 0 或 255，也就是将整个图像呈现出明显的黑白效果的过程。图像二值化使图像中数据量大为减少，从而能凸显出目标的轮廓。要得到二值化图像，首先要把图像灰度化，然后将 256 个亮度等级的灰度图像通过适当的阈值选取，从而获得仍然可以反映图像整体和局部特征的二值化图像。所有灰度大于或等于阈值的像素被判定为属于特定物体，其灰度值为 255，否则这些像素点被排除在物体区域以外，灰度值为 0，表示背景或者例外的物体区域。

比较常用的图像二值化方法有：简单二值法，平均值法和双峰法等。

（1）简单二值法：将图像灰度化后，我们选择灰度值范围的一半作为阈值，即将大于该阈值的像素值全部设为255，小于该阈值的全部设为0，如图4-3所示。

（2）平均值法：为了应对每张图片的灰度值大不相同，阈值取为图像本身的平均值，如图4-4所示。

（3）双峰法：直方图是图像的重要特质，它可以帮助我们分析图像中的灰度变化。因此，如果物体与背景的灰度值对比明显，直方图就会包含双峰，它们分别为图像的前景和背景，而它们之间的谷底即为边缘附近相对较

图4-3　简单二值法

（a）原始图像；（b）阈值为56的图像二值化；（c）阈值为127的图像二值化；
（d）阈值为200的图像二值化

图 4-4 平均值法
（a）原始图像；（b）阈值为图像平均值的图像二值化

少数目的像素点。一般来讲，这个最小值就为最优二值化的分界点，通过这个点可以把前景和背景很好地分开，如图 4-5 所示。

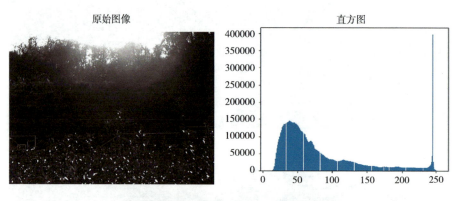

图 4-5 双峰法

4.1.4 边缘检测

1）Canny 算法是一种被广泛应用于边缘检测的标准算法，其目标是找到一个最优的边缘检测解或找寻一幅图像中灰度强度变化最强的位置。最优边缘检测主要通过低错误率、高定位性和最小响应三个标准进行评价。

Canny 算法的简要步骤如下：

（1）去噪声：应用二维高斯滤波来减少噪声对边缘检测结果的影响和平滑图像，以减少边缘检测器上明显的噪声影响。

（2）梯度：通过一阶微分计算图像的灰度梯度幅值和方向，通过梯度方向确定边缘的方向，就可以把边缘的梯度方向大略分成几种角度（如 0°、45°、90° 和 135°），并可以找到这个像素梯度方向的邻接像素。

（3）非极大值抑制：应用非最大抑制技术来过滤掉非边缘像素，将模糊的边界变得清晰。将当前像素的梯度强度与沿正负梯度方向上的两个像素进行比较。如果当前像素的梯度强度与另外两个像素相比最大，则该像素点保留为边缘点，否则该像素点将被抑制。

（4）应用高低阈值的方法来决定可能的边界：为了解决噪声和颜色变化引起的一些边缘像素，必须用弱梯度值过滤边缘像素，并保留具有高梯度值的边缘像素，可以通过选择高低阈值来实现。如果边缘像素的梯度值高于高阈值，则将其标记为强边缘像素；如果边缘像素的梯度值小于高阈值并且大于低阈值，则将其标记为弱边缘像素；如果边缘像素的梯度值小于低阈值，则会被抑制。阈值的选择取决于给定输入图像的内容。

（5）利用滞后技术来跟踪边界。若某一像素位置和强边界相连的弱边界认为是边界，其他的弱边界则被删除。

2）Prewitt 算法利用特定区域内像素灰度值产生的差分实现边缘检测。Prewitt 算法采用 3×3 模板对区域内的像素值进行计算，边缘检测结果在水平方向和垂直方向均比 Roberts 算法更加明显，适合用来识别噪声较多、灰度渐变的图像。

Prewitt 算法的两种卷积模块：如图 4-6 所示，左侧为垂直卷积模块，右侧为水平卷积模块。

-1	-1	-1
0	0	0
1	1	1

1	0	-1
1	0	-1
1	0	-1

图 4-6 Prewitt 的两种卷积模块

若 A 为原始图像，则：

$$G_x = \begin{pmatrix} -1 & -1 & -1 \\ 0 & 0 & 0 \\ 1 & 1 & 1 \end{pmatrix} \cdot A \qquad G_y = \begin{pmatrix} 1 & 0 & -1 \\ 1 & 0 & -1 \\ 1 & 0 & -1 \end{pmatrix} \cdot A$$

然后计算梯度，梯度计算方法有以下两种：

（1）$G = \sqrt{G_x^2 + G_y^2}$

（2）$G = |G_x| + |G_y|$

最后设置一个阈值，运算后的像素大于该阈值，输出为 0；小于该阈值，输出为 255。

3）Roberts 算法是利用局部差分算法寻找边缘。采用对角线方向相邻两像素之间差的平方和近似梯度幅值检测边缘。常用来处理具有陡峭的波幅的低噪声图像，当图像边缘接近于正 45° 或负 45° 时，该算法处理效果更理想。其缺点是对边缘的定位不太准确，提取的边缘线条较粗。

Roberts 算法的两种卷积模块：如图 4-7 所示，左侧为垂直卷积模块，右侧为水平卷积模块。

0	1
-1	0

1	0
0	-1

图 4-7 Roberts 算法的两种卷积模块

计算过程与 Prewitt 算法相同，若 A 为原始图像，则

$$G_x = \begin{pmatrix} 0 & 1 \\ -1 & 0 \end{pmatrix} \cdot A \qquad G_y = \begin{pmatrix} 1 & 0 \\ 0 & -1 \end{pmatrix} \cdot A$$

然后计算梯度：

(1) $G = \sqrt{G_x^2 + G_y^2}$

(2) $G = |G_x| + |G_y|$

最后设置一个阈值，运算后的像素大于该阈值，输出为 0；小于该阈值，输出为 255。

Roberts 算法对图像边缘检测而言定位精度高，在水平和垂直方向效果较好。但该算法对噪声较敏感，无法消除局部干扰，对图像中目标和背景灰度差异表现并不显著的弱边缘却很难检测识别，这将导致提取的目标边缘出现间断。并且该算法的阈值需要人为设定，使得传统的 Roberts 算法在提取不同目标轮廓时，具有很大的局限性。

4.2　形态学

4.2.1　腐蚀与膨胀

腐蚀和膨胀被称为形态学操作。它们通常在二进制图像上执行，类似于轮廓检测。膨胀通过将像素添加到该图像中对象的感知边界，扩张放大图像中的明亮白色区域。腐蚀恰恰相反：它沿着物体边界移除像素并缩小物体的大小。通常这两个操作是按顺序执行的，以增强重要的对象特征。

膨胀会使高亮部分区域更大，而腐蚀会让高亮部分区域更小。膨胀是求局部最大值的操作，而腐蚀则是求局部最小值的操作。如图 4-8 所示，(a) 为原始图像，(b) 为二进制图像，(c) 为膨胀操作后的图像，(d) 为腐蚀操作后的图像。

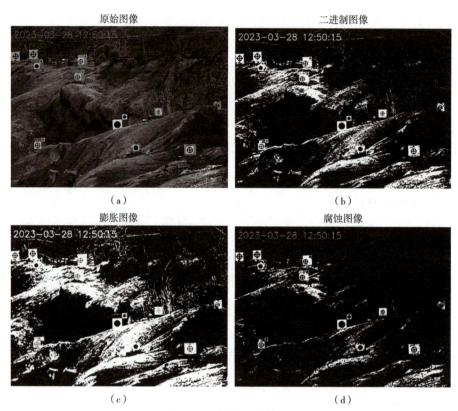

图 4-8 腐蚀与膨胀处理
（a）原始图像；（b）二进制图像；（c）膨胀图像；（d）腐蚀图像

腐蚀与膨胀可以实现很多功能，主要是以下几种：

（1）消除噪声；

（2）分割出独立的图像元素，连接相邻的元素；

（3）寻找图像中明显的极大值区域或极小值区域；

（4）求图像的梯度。

4.2.2 连通区域检测

1）四连通区域或四邻域，是指对应像素位置的上、下、左、右，是紧邻的位置，共 4 个方向。

四邻域标记算法流程：

（1）判断此点四邻域中的最左、最上有没有点，如果都没有点，则表示一个新的区域的开始。

（2）如果此点四邻域中的最左有点，最上没有点，则标记此点为最左点的值；如果此点四邻域中的最左没有点，最上有点，则标记此点为最上点的值。

（3）如果此点四邻域中的最左有点，最上也有点，则标记此点为这两个中的最小的标记点，并修改大标记为小标记。

2）八连通区域或八邻域，是指对应位置的上、下、左、右、左上、右上、左下、右下，是紧邻的位置和斜向相邻的位置，共 8 个方向。

八邻域标记算法流程：

（1）判断此点八邻域中的最左、左上、最上、上右点的情况。如果都没有点，则表示一个新的区域的开始。

（2）如果此点八邻域中的最左有点，上右也有点，则标记此点为这两个中的最小的标记点，并修改大标记为小标记。

（3）如果此点八邻域中的左上有点，上右也有点，则标记此点为这两个中的最小的标记点，并修改大标记为小标记。

（4）否则按照最左、左上、最上、上右的顺序，标记此点为四个中的一个。

3）Otsu 法也称为大津法或最大类间方差法，算法的基本原理是假设检测图像由前景和背景部分组成，通过统计学方法计算选取出阈值，使得这个阈值可以将前景和背景最大限度地区分。任意选取一个阈值 t 将图像分为两部分（前景和背景），前景像素点占图像的比例为 W_0、均值为 U_0，背景像素点占图像的比例为 W_1、均值为 U_1，图像整体的均值为 $U = W_0 \cdot U_0 + W_1 \cdot U_1$，建立目标函数 $g(t) = W_0 \cdot (U_0 - U)^2 + W_1 \cdot (U_1 - U)^2$，$g(t)$ 即为当分割阈值为 t 时的类间方差。Otsu 算法使得 $g(t)$ 最大时所对应的 t 为最佳阈值（遍历不同阈值下 [0，255]）。

算法流程：

（1）计算输入图像的归一化直方图。使用 p_i，$i = 0, 1, 2, \cdots, L-1$ 表示该直方图的各个分量；

（2）对于 $k = 0, 1, 2, \cdots, L-1$，使用下式计算 $P_1(k)$：

$$P_1(k) = \sum_{i=0}^{k} P_i$$

（3）对于 $k = 0, 1, 2, \cdots, L-1$，使用下式计算 $m(k)$：

$$m(k) = \sum_{i=0}^{k} iP_i$$

（4）使用下式计算全局灰度均值 m_G：

$$m_G = \sum_{i=0}^{L-1} iP_i$$

（5）对于 $k = 0, 1, 2, \cdots, L-1$，使用下式计算类间方差 $\sigma_B^2(k)$：

$$\sigma_B^2(k) = \frac{[m_G P_1(k) - m(k)]^2}{P_1(k) \times [1 - P_1(k)]}$$

（6）得到 Otsu 阈值 k^*，即使得 $\sigma_B^2(k)$ 最大的 k 值。如果最大值不唯一，则将各个最大 k 值平均得到 k^* 值；

（7）在 $k = k^*$ 处计算可分性度量 η。

4.3 角点检测、直线检测、重心点

4.3.1 Harris 角点检测

角点检测算法的基本思想是使用一个固定窗口在图像上进行任意方向上的滑动，比较滑动前与滑动后两种情况。如果在某一区域内有两个或多个方向上窗口中的像素都有着较大的灰度变化，那么我们可以认为该窗口中存在角点。

Harris 角点检测算法分为以下三步：

（1）当窗口同时向 x 和 y 两个方向移动时，计算窗口内部的像素值变化量 $E(u, v)$；

（2）对于每个窗口，都计算其对应的一个角点响应函数 R；

（3）然后对该函数进行阈值处理，如果 $R>threshold$，表示该窗口对应一个角点特征。

$E(u, v)$ 的推导过程如下：

（1）首先将图像窗口平移 $[u, v]$ 产生灰度变化的自相关函数：

$$E(u,v) = \sum_{(x,y)} w(x,y) \times [I(x+u, y+v) - I(x,y)]^2$$

其中，$w(x, y)$ 为窗口函数，$I(x+u, y+v)$ 为平移后的灰度图像，$I(x, y)$ 为平移前的灰度图像。窗口函数（权重矩阵）可以是平坦的，也可以是高斯的，是一个二维的滤波器。对于一个角点来说，$E(u, v)$ 会非常大。因此，可以最大化上面这个函数来得到图像中的角点。用上面的函数计算会非常慢，因此使用泰勒展开式来得到这个公式的近似形式。

（2）将平移后的公式进行泰勒展开如下：

$$I(x+u, y+v) \approx I(x,y) + uI_x + vI_y$$

$$I_x = \frac{\partial I(x,y)}{\partial x}, \quad I_y = \frac{\partial I(x,y)}{\partial y}$$

其中，I_x 和 I_y 是 I 的偏微分，在图像中分别是在 x 和 y 方向的梯度图。

（3）接下来继续推导：

$$E(u,v) = \sum_{(x,y)} w(x,y) \times [I(x,y) + uI_x + vI_y - I(x,y)]^2$$

$$= \sum_{(x,y)} w(x,y) \times (uI_x + vI_y)^2$$

$$= \sum_{(x,y)} w(x,y) \times (u^2 I_x^2 + v^2 I_y^2 + 2uv I_x I_y)$$

（4）把 u 和 v 拿出来，得到最终的形式：

$$E(u,v) \approx [u,v] M \begin{bmatrix} u \\ v \end{bmatrix}$$

$$M = \sum_{(x,y)} w(x,y) \begin{pmatrix} I_x^2 & I_x I_y \\ I_x I_y & I_y^2 \end{pmatrix} \rightarrow R^{-1} \begin{pmatrix} \lambda_1 & 0 \\ 0 & \lambda_2 \end{pmatrix} R$$

（5）最后根据实对称矩阵对角化处理后的结果，可以把 R 看成旋转因子，其不影响两个正交方向的变化分量。经对角化处理后，将两个正交方向的变化分量 λ_1 和 λ_2（特征值）提取出来。对于图像的每一个像素点 (x,y)，对应一个以该像素为中心的窗口 $w(x,y)$，然后该像素平移 (u,v) 得到新的像素点 $(x+u,y+v)$，而 $E(u,v)$ 就是窗口中所有像素的加权和乘以不同位置像素的灰度差值。矩阵 M 又称为 Harris 矩阵。$w(x,y)$ 的宽度决定了在像素 x 周围的感兴趣区域。

计算响应函数 R：

得到 $E(u,v)$ 的最终形式，我们的目的是要找到会引起较大的灰度值变化的那些窗口。灰度值变化的大小则取决于矩阵 M，那么如何找到这些窗口呢？我们可以使用矩阵的特征值来实现。因为特征值 λ_1 和 λ_2 决定了 R 的值，R 只与 M 的特征值有关，所以我们可以用特征值来决定一个窗口是平面、边缘还是角点。

平面：该窗口在平坦区域上滑动，窗口内的灰度值基本不会发生变化，所以 |R| 值非常小，在水平和竖直方向的变化量均较小，即 I_x 和 I_y 都较小，那么 λ_1 和 λ_2 都较小。

边缘：R 值为负数，仅在水平或竖直方向上有较大的变化量，即 I_x 和 I_y 只有一个较大，也就是 $\lambda_1 \gg \lambda_2$ 或 $\lambda_2 \gg \lambda_1$。

角点：R 值很大，在水平、竖直两个方向上变化均较大的点，即 I_x 和 I_y 都较大，也就是 λ_1 和 λ_2 都很大。

最优角点判别：

根据 R 的值，将这个窗口所在的区域划分为平面、边缘或角点。为了得到最优的角点，还可以使用非极大值抑制。

Harris 角点检测的结果是带有这些分数 R 的灰度图像，设定一个阈值，threshold，分数 R 大于这个阈值的像素就对应角点。

4.3.2　Hough 变换

1. 标准 Hough 变换（Standard Hough Transform，SHT）

图像平面中的一条直线可以通过斜截式 $y = ax + b$ 来表示，即可以化为 $a-b$ 平面中的一个点，但是因为斜率的区间为 $-\infty$ 到 $+\infty$ 变化，当直线接近竖直时，此时在 $a-b$ 平面中是难以表示的，因此通过极坐标形式能够更加方便地表示。

SHT 步骤：

（1）首先对图片进行边缘检测得到二值边缘图像。

（2）对于二值边缘图像中的每个非 0 点都转换为 $\theta-\rho$ 平面中的一条曲线，转换方法如下：

对于图像平面中的一个非 0 点 (x_0, y_0)，使 θ 由 0 向 2π 变化，分别通过下式计算所对应的 ρ 值，可以得到一系列点，这些点组成点 (x_0, y_0) 在 $\theta-\rho$ 平面中对应的曲线。

$$\rho = x_0 \cdot \cos(\theta) + y_0 \cdot \sin(\theta)$$

（3）在 $\theta-\rho$ 中对所有结果进行累加，则图像平面中的直线将显示为 $\theta-\rho$ 平面中的局部极大值。

（4）根据所设定的阈值对局部极大值进行筛选，得到最终的结果。

缺点：

标准 Hough 变换（SHT）是不能提取出线的端点的，并且耗时较长。

2. 渐进概率 Hough 变换（Progressive Probabilistic Hough Transform，PPHT）

渐进概率 Hough 变换是对 SHT 的改进，能够极大地减少计算时间，并且能够计算出直线的端点。其主要原理是：在边缘图像中随机选择像素，将这些像素点按照 SHT 中的方法转换到累加平面（θ-ρ）。当在累加平面中可以通过阈值筛选出一条直线时，沿该条直线搜索边缘图像，以查看是否存在一条或多条有限长度的线。然后，将该直线中的所有像素从边缘图像中除去。通过这种方式，算法返回有限长度的直线。

PPHT 步骤：

（1）创建输入边缘图像（IMG1）的副本（IMG2）。

（2）用从 IMG2 随机选择的像素更新累加器。

（3）从 IMG2 中删除像素。

（4）如果修改的累加器（BINX）中具有最大值的较低阈值，转到第（1）步。

（5）沿着由 BINX 指定的线在 IMG1 中搜索，找到连续或间隙不超过给定阈值的间隔的最长像素段。

（6）从 IMG2 中删除段中的像素，清除 BINX。

（7）如果检测到的线段比给定的最小长度长，将其添加到输出列表中。

（8）转到第（2）步。

缺点：

该算法的一个问题是，多次运行可能会产生不同的结果。如果许多直线共享像素，则会出现这种情况。如果两条线交叉，要检测的第一条线将去除公共像素（以及其周围的部分），从而导致另一条线上出现凹陷。如果多条线交叉，则许多像素可能会错过最后一行，并且累加器中的投票可能无法达到阈值。

3. Hough 圆变换

Hough 圆变换的原理与前文的 Hough 线变换相似，Hough 线变换是在（$\theta - \rho$）平面中不断累加，最后寻找极大值点，Hough 圆变换也可以通过类似的方式寻找，需要在三维空间中累加体积，三维分别是圆心的横坐标、纵坐标、半径，但是这会导致时间复杂度和空间复杂度非常大，所以实际实现时没有采用这种方法。

Hough 圆变换步骤：

（1）同样的，首先对图像进行边缘检测，得到边缘图。

（2）对边缘图中的每一个非 0 点计算局部梯度（可以通过 Sobel 算法计算）。

（3）沿着每个点的梯度所在的直线在累加平面中进行累加，同时记录非 0 点的位置。

（4）根据阈值选取累加平面中的局部极大值点作为候选圆心。

（5）对于每个圆心都有一个与它相关的非 0 点的列表［第（3）步中记录的］，计算这些非 0 点与该圆心的距离，从中选取出最优值作为半径。

（6）如果有足够数量的点构成圆且该圆心与其他圆心间距超过阈值，就保留这个圆。

（7）最终能够得到检测结果。

缺点：

（1）累加器阈值过低时速度会非常慢，因为需要考虑每个非 0 点。

（2）对每个圆心只能选一个圆，同心圆时只能检测到一个。

（3）Sobel 计算的是局部梯度，所以会出现噪声，稳定性略低。

4.3.3 灰度重心法

对某一个图像块区域，可以将图像块中每个像素点的值看成是该处的密度，对某点求期望值就是该图像在该点处的矩。常说的图像矩，是指原点矩。一阶矩和零阶矩可用于计算某个形状（即图像块）的重心，如下：

（1）图像块 B 的重心 C 可以通过如下过程计算得到：

计算图像块的零阶矩：

$$m_{00} = \sum_{x,y \in B} I(x,y) \qquad (4-2)$$

计算图像块在 x、y 方向上的一阶矩：

$$m_{10} = \sum_{x,y \in B} x \cdot I(x,y)$$
$$m_{01} = \sum_{x,y \in B} y \cdot I(x,y) \tag{4-3}$$

则图像块的重心坐标为：

$$C = \left(\frac{m_{10}}{m_{00}}, \frac{m_{01}}{m_{00}} \right) \tag{4-4}$$

其中，x、y 表示像素坐标，$I(x,y)$ 表示此像素坐标的灰度值。

（2）方向向量 OC 可以通过将图像块 B 的几何中心 O 和它的重心 C 连接在一起得到，所以可以定义特征点的方向 θ 为：

$$\theta = \arctan\left(\frac{m_{01}}{m_{10}} \right) \tag{4-5}$$

4.4 直线拟合

4.4.1 最小二乘法

最小二乘法（Least Square Method）是一种常用的优化方法，所谓二乘即是平方的意思，是指在拟合一个函数的时候，通过最小化误差的平方来确定最佳的匹配函数。所以最小二乘、最小平方指的是拟合的误差平方达到最小。

推导过程：

以直线拟合为例，已知有一组平面上的点集 (x_1, y_1)，(x_2, y_2)，…，(x_n, y_n)。基于这些点拟合一条直线，设直线方程为 $y = ax + b$，则算法的输入就是这些点集，需要求取的是直线方程的参数 a、b。

平方偏差之和为：

$$S_{\epsilon^2} = \sum_{i=1}^{n}(y_i - y)^2 = \sum_{i=1}^{n}[y_i - (ax_i + b)]^2$$

上式中已知的是 x_i、y_i，未知变量为 a、b。不同的 a、b 会得到不同的 S_{ϵ^2}，求取的是在 S_{ϵ^2} 最小时候的 a、b。这是一个二元 a、b 函数，此问题实际上是多元函数的极值与最值问题，要求解函数极值时的二元变量数值，这里要用到二元函数取极值的必要条件：

设 $z = f(x, y)$ 在点 (x_0, y_0) 存在偏导数，且在该点取得极值，则有 $f_x'(x_0, y_0) = 0$，$f_y'(x_0, y_0) = 0$，那么对 S_{ϵ^2} 求偏导且使得偏导为 0，此时 S_{ϵ^2} 取得极值点最小值：

$$\frac{\partial}{\partial a} S_{\epsilon^2} = \sum_{i=1}^{n} 2[y_i - (ax_i + b)(-x_i)] = 0$$

$$= \sum_{i=1}^{n} (ax_i^2 + bx_i - y_i x_i) = 0$$

$$=> (\sum_{i=1}^{n} x_i^2) a + (\sum_{i=1}^{n} x_i) b = \sum_{i=1}^{n} y_i x_i$$

$$\frac{\partial}{\partial b} S_{\epsilon^2} = \sum_{i=1}^{n} 2[y_i - (ax_i + b)(-1)] = 0$$

$$= \sum_{i=1}^{n} (ax_i + b - y_i) = 0$$

$$=> (\sum_{i=1}^{n} x_i) a + nb = \sum_{i=1}^{n} y_i$$

上述两个等式联立得：

$$\begin{cases} (\sum_{i=1}^{n} x_i^2) a + (\sum_{i=1}^{n} x_i) b = \sum_{i=1}^{n} y_i x_i \\ (\sum_{i=1}^{n} x_i) a + nb = \sum_{i=1}^{n} y_i \end{cases}$$

求解方程组得到 a、b 的值，将方程组转成矩阵形式表示：

$$\begin{pmatrix} \sum_{i=1}^{n} x_i^2 & \sum_{i=1}^{n} x_i \\ \sum_{i=1}^{n} x_i & n \end{pmatrix} \begin{pmatrix} a \\ b \end{pmatrix} = \begin{pmatrix} \sum_{i=1}^{n} y_i x_i \\ \sum_{i=1}^{n} y_i \end{pmatrix}$$

若给点集的每个点加上权重，则方程组变为：

$$\begin{cases} \left(\sum_{i=1}^{n} x_i^2 w_i\right) a + \left(\sum_{i=1}^{n} x_i w_i\right) b = \sum_{i=1}^{n} y_i x_i w_i \\ \left(\sum_{i=1}^{n} x_i w_i\right) a + \left(\sum_{i=1}^{n} w_i\right) b = \sum_{i=1}^{n} y_i w_i \end{cases}$$

矩阵表示：

$$\begin{pmatrix} \sum_{i=1}^{n} x_i^2 w_i & \sum_{i=1}^{n} x_i w_i \\ \sum_{i=1}^{n} x_i w_i & \sum_{i=1}^{n} w_i \end{pmatrix} \begin{pmatrix} a \\ b \end{pmatrix} = \begin{pmatrix} \sum_{i=1}^{n} y_i x_i w_i \\ \sum_{i=1}^{n} y_i w_i \end{pmatrix}$$

4.4.2 RANSAC算法

随机样本一致性（RANSAC）是一种迭代方法，用于从一组包含异常值的观察数据中估计数学模型的参数，此时异常值不会对估计值产生影响。因此，它也可以解释为一种异常值检测方法。从某种意义上说，它是一种非确定性算法，仅以一定的概率产生合理的结果，随着允许更多的迭代，这种概率会增加。该算法于1981年由SRI International的Fischler和Bolles首次发布。他们使用RANSAC来解决位置确定问题（LDP），其目标是确定空间中投射到图像上的点到一组地标中已知的地点。

RANSAC的基本假设是：

（1）数据由"局内点"组成。例如，数据的分布可以用一些模型参数来解释。

（2）"局外点"不能适应该模型的数据。

（3）除此之外的数据属于噪声。

局外点产生的原因有：噪声的极值；错误的测量方法；对数据的错误假设。

RANSAC也作了以下假设：给定一组（通常很小的）局内点，存在一个可以估计模型参数的过程；而该模型能够解释或者适用于局内点。

对于一组给定的观测数据，RANSAC通过重复以下步骤来实现对给定观测数据的线性拟合：

（1）要得到一个直线模型（即直线方程），需要两个点唯一确定一个直线方程，所以首先在观测数据中随机选择两个点。

（2）通过这两个点，可计算出这两个点所表示的直线方程 $y = ax + b$。

（3）计算所有观测点到该直线的距离，若某个点到直线的距离小于某一个阈值，则认为该观测点属于局内点，否则属于局外点。

（4）统计局内点的个数并保存。

（5）重复（1）~（4）的过程，直到达到一定迭代次数后，选出对应局内点最多的直线方程，该直线即作为这一组观测数据的拟合直线。

RANSAC 的优点是它能估计模型参数。例如，它能从包含大量局外点的数据集中估计出高精度的参数。RANSAC 的缺点在于其计算参数的迭代次数没有上限；如果设置迭代次数的上限，得到的结果可能不是最优的结果，甚至可能得到错误的结果。RANSAC 只有一定的概率得到可信的模型，概率与迭代次数成正比。RANSAC 的另一个缺点是它要求设置与问题相关的阈值。

4.5 图像特征提取

图像特征的提取和选择是图像处理过程中很重要的环节，对后续的目标检测与识别有着重要的影响，并且对于图像数据具有样本少、维数高的特点，要从图像中提取有用的信息，必须对图像特征进行降维处理，特征提取与特征选择就是最有效的降维方法，其目的是得到一个反映数据本质结构、识别率更高的特征子空间。

本节对计算机视觉传统方法中的一些特征提取方法进行了总结，主要包括 SIFT（尺度不变特征转换）、HOG（方向梯度直方图）、SURF（加速稳健特征）、LBP（局部二值模式）。

4.5.1 SIFT

尺度不变特征转换，即 SIFT（Scale-Invariant Feature Transform）是一种计算机视觉的算法。它用来侦测与描述影像中的局部性特征，它在空间尺度中寻找极值点，并提取出其位置、尺度、旋转不变量。此算法由 David Lowe 在 1999 年发表，2004 年完善总结。

局部影像特征的描述与侦测可以帮助辨识物体，SIFT 的特征是基于物体上的一些局部外观的兴趣点得到的，与影像的大小和旋转无关。对于光线、噪声、些微视角改变的容忍度也相当高。SIFT 特性是高度显著而且相对容易撷取的。在数量庞大的特征数据库中，利用 SIFT 特征很容易辨识物体，而且正确率非常高。使用 SIFT 特征描述对于部分物体遮蔽的侦测率也相当高，甚至只需要 3 个以上的 SIFT 物体特征就足以计算出位置与方位。在现今的计算机硬件速度和小型的特征数据库条件下，辨识速度可接近即时运算。SIFT 特征的信息量大，适合在海量数据库中快速准确匹配。

1. 算法简介

SIFT 算法的实质是在不同的尺度空间上查找关键点，并计算出关键点的方向。SIFT 所查找到的关键点是十分突出的，不会因光照、仿射变换和噪声等因素而变化。如角点、边缘点、暗区的亮点以及亮区的暗点等。

Lowe 将 SIFT 算法分解为如下四步：

（1）尺度空间极值检测：搜索所有尺度上的图像位置。通过高斯微分函数来识别潜在的尺度和旋转不变的兴趣点。

（2）关键点定位：在每个候选的位置上，通过一个拟合精细的模型来确定位置和尺度。关键点的选择依据它们的稳定程度。

（3）方向确定：基于图像局部的梯度方向，分配给每个关键点一个或多个方向。之后所有对图像数据的操作都相对于关键点的方向、尺度和位置进行变换。

（4）关键点描述：在每个关键点周围的邻域内，基于选定的尺度来测量图像局部的梯度。这些梯度被变换成一种表示，这种表示允许比较大的局部形状变形和光照变化。

2. 高斯模糊

SIFT 算法是在不同的尺度空间上查找关键点，而尺度空间的获取需要使用高斯模糊来实现，Lindeberg 等人已证明高斯卷积核是实现尺度变换的唯一变换核，并且是唯一的线性核。

1）二维高斯函数

高斯模糊是一种图像滤波器，它使用正态分布（高斯函数）计算模糊模板，并使用该模板与原图像作卷积运算，达到模糊图像的目的。

N 维空间正态分布方程为：

$$G(r) = \frac{1}{\sqrt{2\pi\sigma^2}^N} e^{-r^2/(2\sigma^2)} \qquad (4-6)$$

其中，σ 是正态分布的标准差，值越大，图像越模糊（平滑）。r 为模糊半径，模糊半径是指模板元素到模板中心的距离。如二维模板大小为 $m \times n$，则模板上的元素 (x, y) 对应的高斯计算公式为：

$$G(r) = \frac{1}{2\pi\sigma^2} e^{\frac{(x-m/2)^2 + (y-n/2)^2}{2\sigma^2}} \qquad (4-7)$$

在二维空间中，这个公式生成的曲面的等高线是从中心开始呈正态分布的同心圆，如图 4-9 所示。分布不为 0 的像素组成的卷积矩阵与原始图像作变换。每个像素的值都是周围相邻像素值的加权平均。原始像素的值有最大的高斯分布值，所以有最大的权重，相邻像素随着距离原始像素越来越远，其权重也越来越小。这样进行模糊处理相比其他的均衡模糊滤波器保留了更高的边缘效果。

理论上，图像中每点的分

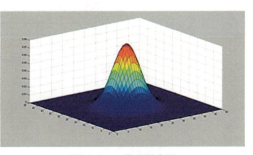

图 4-9 二维高斯曲面

布都不为0，也就是说每个像素的计算都需要包含整幅图像。在实际应用中，计算高斯函数的离散近似时，大概3σ距离之外的像素都可以看作不起作用，这些像素的计算也就可以忽略。通常，图像处理程序只需要计算大小为（6σ+1）×（6σ+1）的矩阵就可以保证相关像素影响。

2）图像的二维高斯模糊

根据σ的值，计算出高斯模板矩阵的大小，（6σ+1）×（6σ+1）。计算高斯模板矩阵的值，与原图像作卷积，即可获得原图像的平滑（高斯模糊）图像。为了确保模板矩阵中的元素在[0,1]之间，需将模板矩阵归一化。5×5的高斯模板如表4-5所示。

表4-5 5×5的高斯模板（σ=0.6）

6.58573e-006	0.000424781	0.00170354	0.000424781	6.58573e-006
0.000424781	0.0273984	0.109878	0.0273984	0.000424781
0.00170354	0.109878	0.440655	0.109878	0.00170354
0.000424781	0.0273984	0.109878	0.0273984	0.000424781
6.58573e-006	0.000424781	0.00170354	0.000424781	6.58573e-006

如图4-10所示为5×5的高斯模板卷积计算示意图。高斯模板是中心对称的。

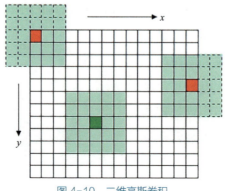

图4-10 二维高斯卷积

图 4-11 是在不同 σ 下，二维高斯模糊的效果图。

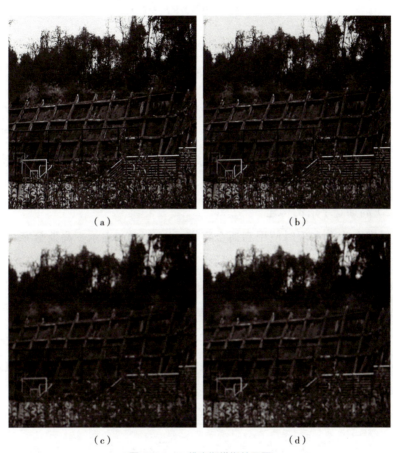

图 4-11　二维高斯模糊效果图
（a）原图；（b）σ = 0.6；（c）σ = 10；（d）σ = 20

3. 尺度空间极值检测

尺度空间使用高斯金字塔表示。Tony Lindeberg 指出尺度规范化的 LoG（Laplacion of Gaussian）算法具有真正的尺度不变性，Lowe 使用高斯差分金字塔近似 LoG 算法，在尺度空间检测稳定的关键点。

1）尺度空间的表示

一个图像的尺度空间，$L(x, y, \sigma)$ 定义为一个变化尺度的高斯函数

$G(x, y, \sigma)$ 与原图像 $I(x, y)$ 的卷积。

$$L(x,y,\sigma) = G(x,y,\sigma) * I(x,y) \quad (4-8)$$

其中，* 表示卷积运算。

$$G(r) = \frac{1}{2\pi\sigma^2} e^{\frac{(x-m/2)^2+(y-n/2)^2}{2\sigma^2}} \quad (4-9)$$

与式（4-7）相同，m、n 表示高斯模板的维度，由 $(6\sigma+1) \times (6\sigma+1)$ 确定。(x, y) 代表图像的像素位置。σ 是尺度空间因子，值越小表示图像被平滑的程度越小，相应的尺度也就越小。大尺度对应于图像的概貌特征，小尺度对应于图像的细节特征。

2）高斯金字塔的构建

尺度空间在实现时使用高斯金字塔（图 4-12）表示，高斯金字塔的构建分为两部分：

（1）对图像作不同尺度的高斯模糊。

（2）对图像作降阶采样（隔点采样）。

图像的金字塔模型是指将原始图像不断降阶采样，得到一系列大小不一的图像，由大到小、从下到上构成的塔状模型。原图像为金字塔的第一层，每次降阶采样所得到的新图像为金字塔的一层（每层一张图像），每个

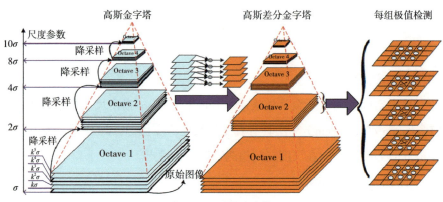

图 4-12 高斯金字塔

金字塔共 n 层。金字塔的层数根据图像的原始大小和塔顶图像的大小共同决定，其计算公式如下：

$$n = \log_2 \min(M, N) - t, \quad t \in [0, \log_2 \min(M, N)] \quad (4-10)$$

其中，M、N 为原图像的大小，t 为塔顶图像的最小维数的对数值。如，对于大小为 512×512 的图像，金字塔上各层图像的大小如表 4-6 所示。当塔顶图像为 4×4 时，$n=7$；当塔顶图像为 2×2 时，$n=8$。

512×512 图像金字塔顶层图像大小与层数关系　　　表 4-6

图像大小	512	216	128	64	16	8	4	2	1
金字塔层数	1	2	3	4	5	6	7	8	9

为了让尺度体现其连续性，高斯金字塔在简单降阶采样的基础上加上了高斯滤波。如图 4-12 所示，将图像金字塔每层的一张图像使用不同参数作高斯模糊，使得金字塔的每层含有多张高斯模糊图像，将金字塔每层多张图像合称为一组，金字塔每层只有一组图像，组数和金字塔层数相等，每组含有多张图像。另外，降阶采样时，高斯金字塔上一组图像的初始图像（底层图像）是由前一组图像的倒数第三张图像隔点采样得到的。

3）高斯差分金字塔

2002 年，Mikolajczyk 在详细的实验比较中发现尺度归一化的高斯拉普拉斯函数 $\sigma^2 \nabla^2 G$ 的极大值和极小值同其他的特征提取函数（例如，梯度，Hessian 或 Harris 角特征）比较，能够产生最稳定的图像特征。

而 Lindeberg 早在 1994 年就发现高斯差分函数（Difference of Gaussian，简称 DoG 算法）与尺度归一化的高斯拉普拉斯函数 $\sigma^2 \nabla^2 G$ 非常近似。其中，$D(x, y, \sigma)$ 和 $\sigma^2 \nabla^2 G$ 的关系可以从如下公式推导得出：

$$\frac{\partial G}{\partial \sigma} = \sigma^2 \nabla^2 G$$

利用差分近似代替微分，则有：

$$\sigma^2 \nabla^2 G = \frac{\partial G}{\partial \sigma} = \frac{G(x,y,k\sigma) - G(x,y,\sigma)}{k\sigma - \sigma}$$

因此：

$$G(x,y,k\sigma) - G(x,y,\sigma) \approx (k-1)\sigma^2 \nabla^2 G$$

其中，$k-1$ 是个常数，并不影响极值点位置的求取。

如图4-13所示，红色曲线表示的是高斯差分算子，而蓝色曲线表示的是高斯拉普拉斯算子。Lowe使用更高效的高斯差分算法代替拉普拉斯算法进行极值检测，如下：

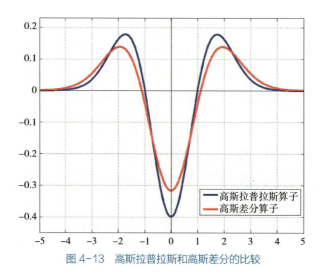

图4-13　高斯拉普拉斯和高斯差分的比较

$$\begin{aligned} D(x,y,\sigma) &= [G(x,y,k\sigma) - G(x,y,\sigma)] \cdot I(x,y) \\ &= L(x,y,k\sigma) - L(x,y,\sigma) \end{aligned} \quad (4-11)$$

在实际计算时，使用高斯金字塔每组中相邻上下两层图像相减，得到高斯差分图像，如图4-14所示，进行极值检测。

4）空间极值点检测（关键点的初步探查）

关键点是由DoG空间的局部极值点组成的，关键点的初步探查是通过

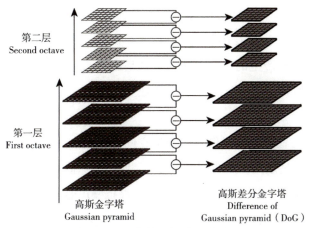

图 4-14 高斯差分金字塔的生成

同一组内各 DoG 相邻两层图像之间比较完成的。为了寻找 DoG 函数的极值点，每一个像素点要和它所有的相邻点比较，看其是否比它的图像域和尺度域的相邻点大或者小。如图 4-15 所示，中间的检测点和与它同尺度的 8 个相邻点及上下相邻尺度对应的 9×2 个点共 26 个点比较，以确保在尺度空间和二维图像空间都检测到极值点。

由于要在相邻尺度进行比较，如图 4-14 所示，右侧每组含 4 层的高斯差分金字塔，只能在中间两层中进行两个尺度的极值点检测，其他尺度则只能在不同组中进行。为了在每组中检测 S 个尺度的极值点，则 DoG 金字塔

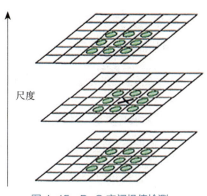

图 4-15 DoG 空间极值检测

每组需 $S+2$ 层图像,而 DoG 金字塔由高斯金字塔相邻两层相减得到,则高斯金字塔每组需 $S+3$ 层图像,实际计算时 S 在 $3\sim5$。

当然,这样产生的极值点并不全都是稳定的特征点,因为某些极值点响应较弱,而且 DoG 算法会产生较强的边缘响应。

4. 关键点定位

以上方法检测到的极值点是离散空间的极值点,以下通过拟合三维二次函数来精准确定关键点的位置和尺度,同时去除低对比度的关键点和不稳定的边缘响应点,以增强匹配稳定性,提高抗噪声能力。

1)关键点的精确定位

离散空间的极值点并不是真正的极值点,图 4-16 显示了二维函数离散空间得到的极值点与连续空间极值点的差别。利用已知的离散空间点插值得到的连续空间极值点的方法叫作子像素插值(Sub-Pixel Interpolation)。

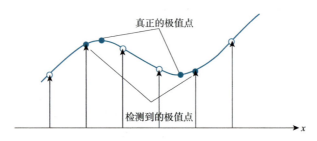

图 4-16 离散空间与连续空间极值点的差别

为了提高关键点的稳定性,需要对尺度空间 DoG 函数进行曲线拟合。利用 DoG 函数在尺度空间的泰勒展开式为:

$$D(X) = D + \frac{\partial D^T}{\partial X} X + \frac{1}{2} X^T \frac{\partial^2 D}{\partial X^2} X \quad (4-12)$$

其中,$X = (x, y, \sigma)^T$。求导并让方程等于 0,可以得到极值点的偏移量为:

$$\hat{X} = \frac{\partial^2 D^{-1}}{\partial X^2} \frac{\partial D}{\partial X} \quad (4-13)$$

对应极值点，方程的值为：

$$D(\hat{X}) = D + \frac{1}{2}\frac{\partial D^T}{\partial X}\hat{X} \qquad (4-14)$$

其中，$\hat{X} = (x, y, \sigma)^T$，代表相对插值中心的偏移量，当它在任一维度上的偏移量大于 0.5 时（即 x、y 或 σ），意味着插值中心已经偏移到它的邻近点上，所以必须改变当前关键点的位置。同时，在新的位置上反复插值直到收敛；也有可能超出所设定的迭代次数或者超出图像边界的范围，此时这样的点应该删除，Lowe 进行了 5 次迭代。另外，|D(x)|过小的点易受噪声的干扰而变得不稳定，所以，使|D(x)|小于某个经验值（Lowe 论文中使用 0.03/S，Rob Hess 等人实现时使用 0.04/S）的极值点删除。同时，在此过程中获取特征点的精确位置（原位置加上拟合的偏移量）以及尺度 [$\sigma(s)$ 和 $\sigma\_oct(s)$]。

2）消除边缘响应

一个定义不好的高斯差分算法的极值在横跨边缘的地方有较大的主曲率，而在垂直边缘的方向有较小的主曲率。

DoG 算法会产生较强的边缘响应，需要剔除不稳定的边缘响应点。获取特征点处的 Hessian 矩阵，主曲率通过一个 2×2 的 Hessian 矩阵 H 求出：

$$H = \begin{pmatrix} D_{xx} & D_{xy} \\ D_{xy} & D_{yy} \end{pmatrix} \qquad (4-15)$$

其中，H 的特征值 α 和 β 代表 x 和 y 方向的梯度：

$$\begin{aligned} Tr(H) &= D_{xx} + D_{yy} = \alpha + \beta \\ Det(H) &= D_{xx}D_{yy} - (D_{xy})^2 = \alpha\beta \end{aligned} \qquad (4-16)$$

$Tr(H)$ 表示矩阵 H 对角线元素之和，$Det(H)$ 表示矩阵 H 的行列式。假设 α 是较大的特征值，而 β 是较小的特征值，令 $\alpha = r\beta$，则：

$$\frac{Tr(H)^2}{Det(H)} = \frac{(\alpha+\beta)^2}{\alpha\beta} = \frac{(r\beta+\beta)^2}{r\beta^2} = \frac{(r+1)^2}{r} \qquad (4-17)$$

导数由采样点相邻差估计得到，在下一节中说明。

D 的主曲率和 H 的特征值成正比，令 α 为最大特征值，β 为最小特征值，则 $(r+1)^2/r$ 的值在两个特征值相等时最小，随着 r 的增大而增大。值越大，说明两个特征值的比值越大，即在某一个方向的梯度值越大，而在另一个方向的梯度值越小，边缘恰恰是这种情况。所以，为了剔除边缘响应点，需要让该比值小于一定的阈值，因此，为了检测主曲率是否在某域值 r 下，只需检测：

$$\frac{Tr(H)^2}{Det(H)} < \frac{(r+1)^2}{r} \qquad (4-18)$$

式（4-18）成立时将关键点保留，反之剔除。

5. 关键点方向分配

为了使描述符具有旋转不变性，需要利用图像的局部特征为每一个关键点分配一个基准方向，使用图像梯度的方法求取局部结构的稳定方向。对于在 DoG 金字塔中检测出的关键点，采集其所在高斯金字塔图像 3σ 邻域窗口内像素的梯度和方向分布特征。梯度的模值和方向如下：

$$\begin{aligned} m(x,y) &= \sqrt{[L(x+1,y)-L(x-1,y)]^2 + [L(x,y+1)-L(x,y-1)]^2} \\ \theta(x,y) &= \tan^{-1}\{[L(x,y+1)-L(x,y-1)]/[L(x+1,y)-L(x-1,y)]\} \end{aligned} \qquad (4-19)$$

L 为关键点所在的尺度空间值，按 Lowe 的建议，梯度的模值 $m(x, y)$ 按 $\sigma = 1.5\sigma\_oct$ 的高斯分布加成，按尺度采样的 3σ 原则，邻域窗口半径为 $3 \times 1.5\sigma\_oct$。

在完成关键点的梯度计算后，使用直方图统计邻域内像素的梯度和方向。梯度直方图将 $0° \sim 360°$ 的方向范围分为 36 个柱（bins），其中每柱 $10°$。如图 4-17 所示，直方图的峰值方向代表了关键点的主方向（为简化，图中只画了 8 个方向的直方图）。

方向直方图的峰值则代表了该特征点处邻域梯度的方向，以直方图中最大值作为该关键点的主方向。为了增强匹配的鲁棒性，只保留峰值大于主方向峰值 80% 的方向作为该关键点的辅方向。因此，对于同一梯度值的多

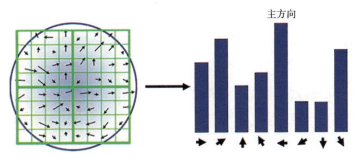

图 4-17　关键点方向直方图

个峰值的关键点位置，在相同位置和尺度将会有多个关键点被创建，但方向不同。虽然只有 15% 的关键点被赋予多个方向，但可以明显提高关键点匹配的稳定性。在实际编程实现中，是把该关键点复制成多份关键点，并将方向值分别赋给这些复制后的关键点，同时，离散的梯度方向直方图要进行插值拟合处理，以求得更精确的方向角度值，检测结果如图 4-18 所示。

图 4-18　SIFT 特征

至此，检测出的含有位置、尺度和方向的关键点即是该图像的 SIFT 特征点。

6. 关键点特征描述

通过以上步骤，对于每一个关键点，拥有 3 个信息：位置、尺度以及方向。接下来就是为每个关键点建立一个描述符，用一组向量将这个关键点描述出来，使其不随各种变化而改变，比如光照变化、视角变化等。这个描述符不但包括关键点，还包含关键点周围对其有贡献的像素点，并且描述符应该有较高的独特性，以便于提高特征点正确匹配的概率。

SIFT 描述子是关键点邻域高斯图像梯度统计结果的一种表示。通过对关键点周围图像区域分块，计算块内梯度直方图，生成具有独特性的向量，这个向量是该区域图像信息的一种抽象，具有唯一性。

Lowe 建议描述子使用在关键点尺度空间内 4×4 的窗口中计算的 8 个方向的梯度信息，共 $4 \times 4 \times 8 = 128$ 维向量表征。表示步骤如下：

（1）确定计算描述所需的图像区域。

特征描述与特征点所在的尺度有关，因此，对梯度的求取应在特征点对应的高斯图像上进行。将关键点附近的邻域划分为 $d \times d$（Lowe 建议 $d = 4$）个子区域，每个子区域作为一个种子点，每个种子点有 8 个方向。每个子区域的大小与关键点方向分配时相同，即每个区域有 $3\sigma\_oct$ 个子像素，为每个子区域分配边长为 $3\sigma\_oct$ 的矩形区域进行采样（各子像素实际用边长为 $\sqrt{3\sigma\_oct}$ 的矩形区域即可包含，但 $3\sigma\_oct \leq 6\sigma_0$，为了简化计算取其边长为 $3\sigma\_oct$，并且采样点宜多不宜少）。考虑到实际计算时需要采用双线性插值，所需图像窗口边长为 $3\sigma\_oct \times (d + 1)$。再考虑到旋转因素（方便下一步将坐标轴旋转到关键点的方向），如图 4-19 所示，实际计算所需的图像区域半径为：

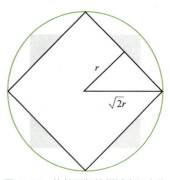

图 4-19　旋转引起的领域半径变化

$$radius = \frac{3\sigma\_oct \times \sqrt{2} \times (d+1)}{2} \quad （4-20）$$

计算结果四舍五入取整。

（2）将坐标轴旋转为关键点的方向，以确保旋转不变性，如图 4-20 所示。

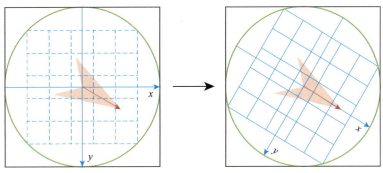

图 4-20　坐标轴旋转

旋转后邻域内采样点的新坐标为：

$$\begin{pmatrix} x' \\ y' \end{pmatrix} = \begin{pmatrix} \cos\theta & -\sin\theta \\ \sin\theta & \cos\theta \end{pmatrix} \begin{pmatrix} x \\ y \end{pmatrix}, (x, y \in [-radius, radius]) \quad (4-21)$$

（3）将邻域内的采样点分配到对应的子区域内，将子区域内的梯度值分配到 8 个方向上，计算其权值。

旋转后的采样点坐标在半径为 radius 的圆内被分配到 $d \times d$ 的子区域，计算影响子区域的采样点的梯度和方向，分配到 8 个方向上。

旋转后的采样点 (x', y') 落在子区域的下标为：

$$\begin{pmatrix} x'' \\ y'' \end{pmatrix} = \frac{1}{3\sigma\_oct} \begin{pmatrix} x' \\ y' \end{pmatrix} + \frac{d}{2} \quad (4-22)$$

Lowe 建议子区域的像素的梯度大小按 $\sigma = 0.5d$ 的高斯加权计算，即

$$w = m(a+x, b+y) e^{-\frac{(x')^2 + (y')^2}{2 \times (0.5d)^2}} \quad (4-23)$$

其中，a、b 为关键点在高斯金字塔图像中的位置坐标。

（4）插值计算每个种子点 8 个方向的梯度。

如图 4-21 所示，将由式（4-24）所得采样点在子区域中的下标 (x'', y'')（图中蓝色窗口内红色点）线性插值，计算其对每个种子点的贡献。如图中所示的红色点，落在第 0 行和第 1 行之间，对这两行都有贡献。对第 0 行第 3 列种子点的贡献因子为 d_r，对第 1 行第 3 列的贡献因子为 $1-d_r$，同

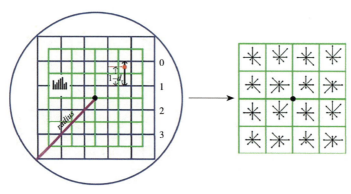

图 4-21 描述字梯度直方图

理，对邻近两列的贡献因子为 d_c 和 $1-d_c$，对邻近两个方向的贡献因子为 d_o 和 $1-d_o$。则最终累加在每个方向上的梯度大小为：

$$weight = w \cdot d_r^k \cdot (1-d_r)^{1-k} \cdot d_c^m \cdot (1-d_c)^{1-m} \cdot d_o^n \cdot (1-d_o)^{1-n} \quad (4-24)$$

其中，k、m、n 为 0 或 1。

（5）如上统计的 $4 \times 4 \times 8 = 128$ 个梯度信息即为该关键点的特征向量。特征向量形成后，为了去除光照变化的影响，需要对它们进行归一化处理，对于图像灰度值整体漂移，图像各点的梯度由邻域像素相减得到，所以也能去除。得到的描述子向量为 $H = (h_1, h_2, \cdots, h_{128})$，归一化后的特征向量为 $L = (l_1, l_2, \cdots, l_{128})$，则

$$l_i = \frac{h_i}{\sqrt{\sum_{j=1}^{128} h_j}}, j = 1, 2, 3, \cdots \quad (4-25)$$

（6）描述子向量门限。非线性光照，相机饱和度变化会造成某些方向的梯度值过大，而对方向的影响微弱。因此，设置门限值（向量归一化后，一般取 0.2）截断较大的梯度值。然后再进行一次归一化处理，提高特征的鉴别性。

（7）按特征点的尺度对特征描述向量进行排序。

至此，SIFT 特征描述向量生成。

7. SIFT 的缺点

SIFT 在图像的不变特征提取方面拥有很大的优势，但并不完美，仍然存在实时性不高，有时特征点较少，对边缘光滑的目标无法准确提取特征点等缺点。如图 4-22 所示，对模糊的图像和边缘平滑的图像，检测出的特征点过少，对圆更是无能为力。近年来不断有人改进，其中最著名的有 SURF 和 CSIFT。

图 4-22　SIFT 算法检测及匹配效果

4.5.2　HOG

方向梯度直方图（Histogram of Oriented Gradient，HOG）被应用在计算机视觉和图像处理领域，是用于目标检测的特征描述器。这项技术用来计算局部图像梯度的方向信息的统计值。这种方法与边缘方向直方图、尺度不变特征变换以及形状上下文方法有很多相似之处，但与它们的不同点是：HOG 描述器是在一个网格密集的大小统一的细胞单元上计算，而且为了提高性能，还采用了重叠的局部对比度归一化技术。

1. 理论描述

HOG 描述器最重要的思想是：在一幅图像中，局部目标的表象和形状能够被梯度或边缘的方向密度分布很好地描述。具体的实现方法是：首先将图像分成小的连通区域,我们把它叫作细胞单元。然后采集细胞单元中各像素点的梯度或边缘的方向直方图。最后把这些直方图组合起来就可以构成特征描述器。为了提高性能,我们还可以把这些局部直方图在图像的更大范围内(我们把它叫作区间或块)进行对比度归一化,所采用的方法是:先计算各直方图在这个区间中的密度,然后根据这个密度对区间中的各个细胞单元作归一化。通过归一化后,能对光照变化和阴影获得更好的效果。

与其他的特征描述方法相比,HOG 描述器有很多优点。首先,由于 HOG 方法是在图像的局部细胞单元上操作,所以它对图像几何的和光学的形变都能保持很好的不变性,这两种形变只会出现在更大的空间领域上。其次,笔者通过实验发现,在粗的空域抽样、精细的方向抽样以及较强的局部光学归一化等条件下,只要行人大体上能够保持直立的姿势,就容许行人有一些细微的肢体动作,这些细微的动作可以被忽略而不影响检测效果。综上所述,HOG 方法是特别适合用于图像中的行人检测的。

2. 算法实现

1)梯度计算

许多特征检测的第一步都是要进行图像的预处理,如归一化颜色值和 gamma 值,但如 Dalal 和 Triggs 指出的那样,HOG 描述子可以省略这个步骤,因为它的描述子归一化处理能达到同样的效果。图像预处理对最终效果的贡献微薄。所以,第一步就是计算梯度值。最通常的方法就是简单地将一个一维离散的梯度模板分别应用到水平和垂直方向上。可以使用如下的卷积核 $[-1, 0, 1]$ 和 $[-1, 0, 1]^T$ 进行卷积。

Dalal 和 Triggs 也测试了其他更加复杂的卷积核,例如 3×3 的 Sobel 卷积核(索贝尔算子)和斜角卷积核,但是这些卷积核在行人检测的实验中表现得都很差。他们还用高斯模糊进行预处理,但是在实际运用中没有模糊反而会更好。

2)计算梯度直方图

在上一步中,计算得到图像中所有像素点的梯度强度以及方向。

计算的第二步是建立分块直方图。每个块内的每个像素对方向直方图进行投票。每个块的形状可以是矩形或圆形的，方向直方图的方向取值可以是 0°～180° 或者 0°～360°，这取决于梯度是否有正负。Dalal 和 Triggs 发现在人的检测实验中，把方向分为 9 个通道效果最好。至于投票的权重，可以是梯度的幅度本身或者是它的函数。在实际测试中，梯度幅度本身通常产生最好的结果。其他可选的方案是采用幅度的平方或开方，或者幅度的裁剪版本。

将原始 64×128 的图像切分为 8×8 大小的 cell。在每个 cell 中计算梯度直方图，每个 cell 包含 8×8 个像素点，每个像素点包含两个值（梯度的强度以及方向）。统计 cell 中的值得到方向梯度直方图。

将 180° 的范围切分为 20° 的范围，最终得到 9 个范围的梯度直方图。如图 4-23 所示，左上图是每个 cell 的梯度方向，右上图是每个 cell 的梯度强度，下图是 9 个 bins。利用插值的方式，将梯度强度映射到不同的梯度方向范围中，最终得到包含 9 个值的梯度直方图。

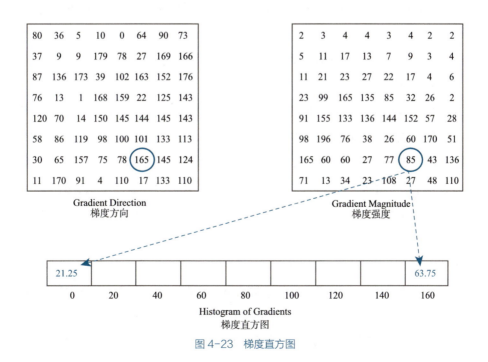

图 4-23　梯度直方图

从图 4-24 可以看到，更多的点的梯度方向是倾向于 0° 和 160° 的，也就是说这些点的梯度方向是向上或者向下，表明图像在这个位置存在比较明显的横向边缘。因此，HOG 是对边角敏感的，由于这样的统计方法也是对部分像素值变化不敏感的，所以能够适应不同的环境。

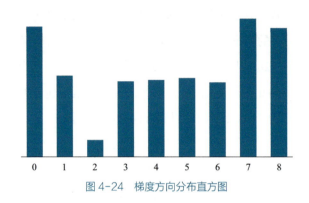

图 4-24 梯度方向分布直方图

在获得每个 cell 的直方图后，将 2×2 个 cell 组合为一个 block，将此 block 中计算得到的梯度直方图进行拼接得到包含一个 $4 \times 9 = 36$ 长度的 vector 作为此 block 的特征向量。

然后利用 L2-Norm 对这个 36 维的特征向量进行规范化。

3）描述器区块

为了解释光照和对比的改变，梯度强度必须局部地归一化，这需要把方格集结成更大、在空间上联结的区块。HOG 描述器是归一化方格直方图的元件的向量，此直方图由所有区块的区域而来。这些区块通常会重叠，意味着每个方格不止一次影响了最后的描述器。几何存在着两个主要的区块：一个是矩形的 R-HOG 区块，另一个是圆形的 C-HOG 区块。R-HOG 区块一般来说是由多个方格子组成的，由三个参数表示：每个区块有多少方格、每个方格有几个像素，以及每个方格直方图有多少通道。在 Dalal 和 Triggs 的行人检测实验中，发现最优的参数为 6×6 像素大小的单元，每个单元块为 3×3 像素，同时直方图是 9 通道。另外，在对直方图作处理之前，给每个区间加一个高斯空域窗口是非常有必要的，因为这样可以降低边缘周围像素点的权重。R-HOG 与 SIFT 描述器看起来很相似，但它们的不同之处是：R-HOG 是在单一尺度下、密集的网格内，没有对方向排序的情况下被计算出来的；而 SIFT 描述器是在多尺度下、稀疏的图像关键点上，对方向排序的情况下被计算出来的。补充一点，R-HOG 是各区间被组合起来用于对空域信息进行编码，而 SIFT 的各描述器是单独使用的。

C-HOG 区间（blocks）有两种不同的形式，它们的区别在于：一个的中心细胞是完整的，另一个的中心细胞是被分割的。C-HOG 的这两种形式都能取得相同的效果。C-HOG 区间可以用 4 个参数来表征：角度盒子的个数、半径盒子的个数、中心盒子的半径、半径的伸展因子。通过实验，对于行人检测，最佳的参数设置为：4 个角度盒子、2 个半径盒子、中心盒子半径为 4 个像素、伸展因子为 2。前面提到过，对于 R-HOG，中间加一个高斯空域窗口是非常有必要的，但对于 C-HOG，这显得没有必要。C-HOG 看起来很像基于形状上下文（Shape Context）的方法，但不同之处是：C-HOG 的区间中包含的细胞单元有多个方向通道，而基于形状上下文的方法只用到一个单一的边缘存在数。

比如对于一个（128，64，32）的三维向量来说，模长是 $\sqrt{128^2 + 64^2 + 32^2}$ = 146.64。

那么归一化后的向量就变成（0.87，0.43，0.22）。

绿色方块是 8×8 大小的 cell，蓝色方块就是由 4 个 cell 组成的块。对块进行归一化，那么由于一个 cell 有大小为 9 的向量，4 个 cell 就有大小为 36 的向量。对块进行归一化就是对这大小为 36 的向量进行归一化。

而每一个块将按照图 4-25 方框移动的方式进行迭代截取。

4）图像 HOG 特征向量

每个 block 得到一个长度为 36 的 vector 作为特征向量，原始 64×128 的图像一共可以切分为 7×15 个

图 4-25 HOG 算法示意图

block（按照 cell 步长为 1 向右滑动），最终将所有 block 的特征向量进行 concat 得到最终的 $7 \times 15 \times 36 = 3780$ 维的特征向量。利用此特征可以进行后续的图像分类以及检测任务。

4.5.3 SURF

加速稳健特征（Speeded-Up Robust Features，SURF）算法，该算法在保持 SIFT 算法优良性能特点的基础上，同时解决了 SIFT 计算复杂度高、耗时长的缺点，对兴趣点提取及其特征向量描述方面进行了改进，且计算速度得到提高。

1. 积分图像

1）什么是积分图像

积分图像是输入的灰度图像经过一种像素间的累加运算得到最新的图像。对于一幅灰度的图像，积分图像中的任意一点 (x, y) 的值是指从图像的左上角到这个点所构成的矩形区域内所有点的灰度值之和。

（1）积分图像作用

积分图像是 SURF 算法减小计算量的关键，从 SIFT 到 SURF 算法的性能提升很大程度上归功于积分图像的使用。

（2）积分图像与原始图像的关系

相同点：积分图像与原始图像的尺寸相同，积分图像中每个位置坐标与原始灰度图像的像素坐标相对应。

不同点：在原始图像采用灰度图像的情况下，灰度图像每个像素使用 8bit 表示，而积分图像由于像素的累加运算，或者由于图像尺度的变化，其中的每个像素位宽将会需要积分的像素位宽来表示。

2）如何得到积分图像

（1）积分像素值

坐标系的建立：对于一幅原始的灰度图像，以图像中的第一个像素位置作为坐标原点，向右为 x 轴正向，向下为 y 轴正向建立坐标系（图 4-26）。

积分像素值的确定：将任意像素 (x_i, y_i) 与坐标原点之间围成的矩形区域内的所有像素值相加得到一个新的值，在这里我们把它定义为积分像素值。

（2）积分图像的确定

原始图像中每个像素经过运算都会得到新的积分像素值，最终构成一幅新的积分图像。

（3）积分图像的作用

有了积分图像的概念，在原始图像中可以计算任意矩形区域内的像素之和。这种运算方式有效地减少了运算量，因为矩形的面积大小不会影响到运算量。任意矩形内的像素累加只需要使用矩形四个顶角位置的积分像素值进行加减运算即可得到。

如果要计算矩形 $ABCD$ 内所有像素的累加值，只需要在积分图像中找到对应 A、B、C、D 四个位置的积分像素的值进行加减运算（图 4-27）：$\sum = A - B - C + D$。

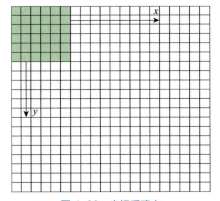

图 4-26　坐标系建立

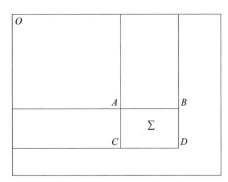

图 4-27　图像矩形区域

2. Hessian 矩阵

1）与 SIFT 算法对比

（1）SIFT 算法采用的是 DoG 图像，而 SURF 采用的是 Hessian 矩阵行列式近似值图像。

（2）SIFT 算法中使用高斯差分对 L_{xx}、L_{xy} 和 L_{yy} 进行近似估计，使用 D_{xx}、D_{xy} 和 D_{yy} 函数代替高斯拉普拉斯函数，即：

$$D(x,y,\sigma) = G(x,y,k\sigma) - G(x,y,\sigma) \cdot I(x,y)$$
$$= L(x,y,k\sigma) - L(x,y,\sigma) \quad (4-26)$$

Hessian 矩阵通过高斯差分后得到近似估计的 Hessian 矩阵：

$$H(x,y,\sigma) = \begin{bmatrix} D_{xx}(x,y,\sigma) & D_{xy}(x,y,\sigma) \\ D_{xy}(x,y,\sigma) & D_{yy}(x,y,\sigma) \end{bmatrix} \quad (4-27)$$

高斯函数的高阶微分与离散的图像函数 $I(x,y)$ 作卷积运算时相当于使用高斯滤波模板对图像作滤波处理。

其行列式为：$det(H) = D_{xx}D_{yy} - (\omega D_{xy})^2$。

2）定义

（1）图像中某个像素点的 Hessian 矩阵：

$$H[f(x,y)] = \begin{bmatrix} \dfrac{\partial^2 f}{\partial x^2} & \dfrac{\partial^2 f}{\partial x \partial y} \\ \dfrac{\partial^2 f}{\partial x \partial y} & \dfrac{\partial^2 f}{\partial y^2} \end{bmatrix} \quad (4-28)$$

即每一个像素点都可以求出一个 Hessian 矩阵。

（2）图像的 Hessian 矩阵

由于我们的特征点需要具备尺度无关性，所以在进行 Hessian 矩阵构造前，需要对其进行高斯滤波。这样，经过滤波后再进行 Hessian 的计算：

$$H(x,y,\sigma) = \begin{bmatrix} L_{xx}(x,y,\sigma) & L_{xy}(x,y,\sigma) \\ L_{xy}(x,y,\sigma) & L_{yy}(x,y,\sigma) \end{bmatrix} \quad (4-29)$$

其中，L_{xx} 表示 $I(x,y)$ 图像函数与高斯函数二阶微分 $\left(\dfrac{\partial^2}{\partial x^2}g(\sigma)\right)$ 在像素点 (x,y) 处的卷积。L_{xy} 和 L_{yy} 也作类似定义。

（3）盒子滤波器

高斯函数的高阶微分与离散的图像函数 $I(x,y)$ 作卷积运算时相当于使用高斯滤波模板对图像作滤波处理。在实际运用中，高斯二阶微分进行离散化和裁剪处理得到盒子滤波器，近似代替高斯滤波模板进行卷积计算（图 4-28）。

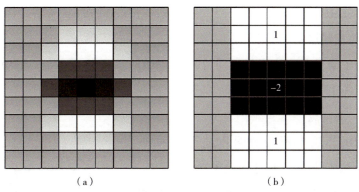

图 4-28 高斯滤波模板与盒子滤波器
（a）高斯滤波模板；（b）盒子滤波器

网格中渐变的颜色深度代表高斯滤波模板中不同的权重系数。某一尺寸的高斯滤波模板经过离散化和裁剪生成的盒子滤波器包括 D_{xx}、D_{xy}、D_{yy} 三个方向。

对高斯高阶微分函数进行离散化处理的同时，也将滤波模板各部分的滤波权重进行简化，所以系数都是 $\{1, -1, -2, 0\}$ 集合中的元素。

3. 尺度空间构造

上述工作是通过模板卷积求二阶偏导数得到 H 矩阵，接下来要通过 H 矩阵构建尺度空间。

1）SIFT 尺度空间

在 SIFT 中，尺度空间是用金字塔模型对图像滤波缩放得到的。SIFT 算法首先对一幅图片进行下采样得到若干图像，每次下采样得到的图片作为每一组的原始图像。为了保证图像金字塔的连续性，对每组的原始图像以不同的 σ 进行高斯滤波，金字塔每组中又得到若干滤波后的图像。

这样得到的图像金字塔分为若干组（Octave），同时每组又由若干层（Layer）图片组成。显然，图像金字塔的计算量会随着金字塔组数和层数的增加而变大（图 4-29）。

图 4-29 SIFT 算法尺度空间

2) SURF 尺度空间

（1）相同点

SURF 算法的尺度空间同样由若干组（Octave）构成，每一组中包含若干层（Level）。

（2）不同点

SURF 算法中不会对图片进行下采样。SURF 算法先从 9×9 尺寸的盒子滤波器开始，对盒子滤波器的尺寸进行扩展，9×9 尺寸的盒子滤波器是 σ 为 1.2 时的高斯二阶微分函数经过离散和剪裁后的滤波模板。在 SURF 中，我们保持图像不变，仅仅改变高斯滤波窗口的大小来获得不同尺度的图像，即构成尺度空间（图 4-30）。

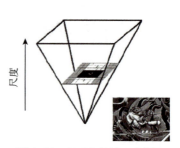

图 4-30 SURF 算法尺度空间

每一层对应的 σ 与滤波模板尺寸之间的关系式为 $\sigma = 1.2 \times \dfrac{L}{9}$。Bay 建议将尺度空间分为 4 组，每组中包括 4 层（图 4-31）。

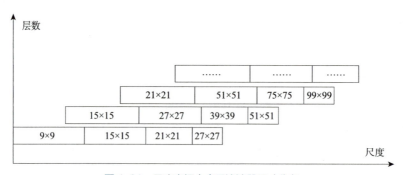

图 4-31 尺度空间中盒子滤波器尺寸分布

为了保持尺度空间的连续性，SURF 算法尺度空间相邻组中有部分层重叠，同时每组中的盒子滤波器的尺寸都是逐渐增大的。

4. Hessian 行列式图像的产生

在 SURF 算法的尺度空间中，每一组中任意一层包括 D_{xx}、D_{xy}、D_{yy} 三种盒子滤波器。对一幅输入图像进行滤波后通过 Hessian 行列式计算公式可以得到对于尺度坐标下的 Hessian 行列式的值，所有 Hessian 行列式值构成一幅 Hessian 行列式图像（图 4-32）。

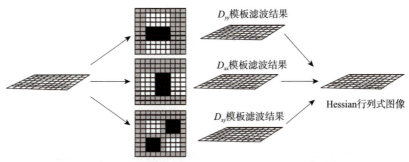

图 4-32　一幅 Hessian 行列式图像的产生过程

一幅灰度图像经过尺度空间中不同尺寸盒子滤波器的滤波处理，可以生成多幅 Hessian 行列式图像，从而构成图像金字塔。

1）特征点精确定位

（1）非极大值抑制过程

在每一组中选取相邻的三层 Hessian 行列式图像，对于中间层的每一个 Hessian 行列式值都可以作为待比较的点，在空间中选取该点周围的 26 个点进行大小比较，若该点大于其他 26 个点，则该点为特征点。从上述过程可以知道，当尺度空间每组由 4 层构成时，非极大值抑制只会在中间两层进行，相邻的组之间不进行比较。

（2）设定 Hessian 行列式的阈值

低于 Hessian 行列式阈值的点不能作为最终的特征点。在实际选择阈值时，根据实际应用中对特征点数量和精确度的要求改变阈值。阈值越大，得到的特征点的鲁棒性越好。在处理场景简单的图像时，其阈值可以适当地调低。在复杂的图像中，图像经旋转或者模糊后特征点变化的数量较大，测试需要适当提高阈值。

2）主方向计算

为了使特征点具备较好的旋转不变性，需分配给每个特征点一个主方向。在 SURF 中，主方向是对以特征点为中心的 6 倍特征尺度为半径的圆形区域内的 Haar 小波响应作统计运算得到的。

（1）兴趣方向的确定

首先赋予每一个兴趣点方向特征。我们以某个兴趣点为圆心，以 $6S$（S 为该兴趣点对应的尺度）为半径的圆形领域里，用尺寸为 $4S$ 的 Haar 小波模板对图像进行处理，求 x、y 两个方向的 Haar 小波响应。

Haar 小波的模板如图 4-33 所示。

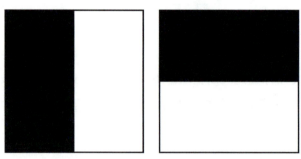

图 4-33　Haar 小波滤波器模板

其中，左侧模板计算 x 方向的响应，右侧模板计算 y 方向的响应，黑色表示 -1，白色表示 +1。用其对圆形领域进行处理后，就得到该领域内每个点对应的 x、y 方向的响应，然后用以兴趣点为中心的高斯函数（$\sigma = 2S$）对这些响应进行加权。

在这个圆形领域内划定一个 60° 的扇形区域，统计这个扇形区域内的 Haar 小波特征总和，然后转动扇形区域，再统计小波特征总和。小波特征总和最大的方向为主方向（图 4-34）。

（2）构建描述子向量

SIFT 算法：在 SIFT 中关键点描述选取了关键点周围 16×16 的领域，又将其划分为 4×4 的区域，每个区域统计 8 个方向梯度，最后得到

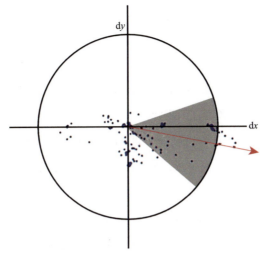

图 4-34 兴趣方向确定示意图

$4 \times 4 \times 8 = 128$ 维度的描述向量。

SURF 算法：在 SURF 中，我们在关键点周围选取一个正方形框，方向为关键点的主方向，边长为 $20S$。将其划分为 16 个区域（边长为 $5S$），每个区域统计 25 个像素的水平方向和垂直方向的 Haar 小波特性（均是相对于正方形框的主方向确定的）（图 4–35）。

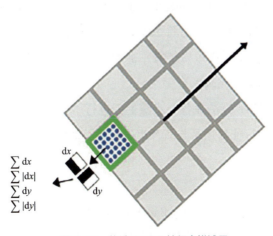

图 4-35 构造 SURF 特征点描述子

该小波特征包括水平方向值之和，水平方向绝对值之和，垂直方向值之和以及垂直方向绝对值之和（为了把强度变化的极性信息也包括在描述符中，所以对绝对值进行累加）。这样每个区域有 4 个值，则每个正方形框有 $4 \times 16 = 64$ 维，即每个关键点描述是 64 维，比 SIFT 描述少了一半。

3）SURF 与 SIFT 算法总结对比

（1）在生成尺度空间方面，SIFT 算法利用的是差分高斯金字塔与不同层级的空间图像相互卷积生成。SURF 算法采用的是不同尺度的 box filters 与原图像卷积。

（2）在特征点检验时，SIFT 算子是先对图像进行非极大值抑制，再去除对比度较低的点，然后通过 Hessian 矩阵去除边缘的点。而 SURF 算法是先通过 Hessian 矩阵来检测候选特征点，然后对非极大值的点进行抑制。

（3）在特征向量的方向确定上，SIFT 算法是在正方形区域内统计梯度的幅值的直方图，找到最大梯度幅值所对应的方向。SIFT 算子确定的特征点可以有一个或一个以上的方向，其中包括一个主方向与多个辅方向。SURF 算法则是在圆形邻域内，检测各个扇形范围内水平、垂直方向上的 Haar 小波响应，找到模值最大的扇形指向，且该算法的方向只有一个。

（4）SIFT 算法生成描述子时，是将 16×16 的采样点划分为 4×4 的区域，从而计算每个分区种子点的幅值并确定其方向，共计 $4 \times 4 \times 8 = 128$ 维。SURF 算法在生成特征描述子时将 $20S \times 20S$ 的正方形分割成 $4S \times 4S$ 的小方格，每个子区域 25 个采样点，计算小波 Haar 响应 $v = [\sum dx, \sum dy, \sum |dx|, \sum |dy|]$，一共 $4 \times 4 \times 4 = 64$ 维。

综上所述，SURF 算法在各个步骤上都进行了简化，仅计算特征点的一个主方向，生成的特征描述子与前者相比降低了维数。

4.5.4 LBP

局部二值模式（Local Binary Patterns，LBP）是机器视觉领域中用于分类的一种特征，于 1994 年被提出。局部二值模式在纹理分类问题上是一个非常强大的特征；如果局部二值模式特征与方向梯度直方图结合，则可以在一些集合上十分有效地提升检测效果。局部二值模式是一个简单但非常有效的纹理运算符。它将各个像素与其附近的像素进行比较，并把结果保存为二进制数。由于其辨别力强大和计算简单，局部二值模式纹理算法已经在不同的场景下得到应用。LBP 最重要的属性是对诸如光照变化等造成的灰度变化的强健性。它的另外一个重要特性是它的计算简单，这使得它可以对图像进行实时分析。

1. 基本概念

在最简化的情况下，局部二值模式特征向量可以通过如下方式计算：

（1）将检测窗口切分为区块（cells，例如，每个区块 16×16 像素）。

（2）对区块中的每个像素，与它的 8 个邻域像素进行比较（左上、左中、左下、右上等）。可以按照顺时针或者逆时针的顺序进行比较。

（3）对于中心像素大于某个邻域的，设置为 0；否则，设置为 1。这就获得了一个 8 位的二进制数（通常情况下会转换为十进制数字），作为该位置的特征。

（4）对每一个区块计算直方图。

（5）此时，可以选择将直方图归一化。

（6）串联所有区块的直方图，这就得到当前检测窗口的特征向量。

此特征向量可以通过诸如支持向量机等机器学习算法来产生一个分类器。

2. LBP 的几种改进版本

原始的 LBP 算法定义为在 3×3 的窗口内，以窗口中心像素为阈值，将相邻的 8 个像素的灰度值与其进行比较，若周围像素值大于中心像素值，则该像素点的位置被标记为 1，否则为 0。这样，3×3 邻域内的 8 个点经比较可产生 8 位二进制数（通常转换为十进制数即 LBP 码，共 256 种），即得到该窗口中心像素点的 LBP 值，并用这个值来反映该区域的纹理信息，如图 4-36 所示。

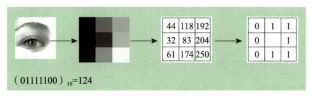

图 4-36　LBP 值计算

用公式表示就是：

$$\mathrm{LBP}(x_c, y_c) = \sum_{p=0}^{p-1} 2^p s(i_p - i_c) \quad (4-30)$$

其中，(x_c, y_c) 是中心像素，i_c 是灰度值，i_p 是相邻像素的灰度值，s 是符号函数：

$$s(x) \begin{cases} 1, \text{if } x \geq 0 \\ 0, \text{else} \end{cases} \quad (4-31)$$

3. 圆形 LBP 算法

基本的 LBP 算法的最大缺陷在于它只覆盖了一个固定半径范围内的小区域，这显然不能满足不同尺寸和频率纹理的需要。为了适应不同尺度的纹理特征，并达到灰度和旋转不变性的要求，Ojala 等对 LBP 算法进行了改进，将 3×3 邻域扩展到任意邻域，并用圆形邻域代替正方形邻域，改进后的 LBP 算法允许在半径为 R 的圆形邻域内有任意多个像素点，从而得到诸如半径为 R 的圆形区域内含有 P 个采样点的 LBP 算子（图 4-37）。

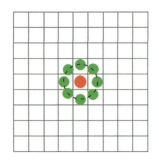 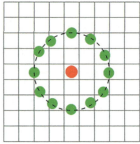 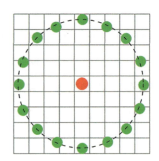

图 4-37　LBP 算子

4. LBP 旋转不变模式

从 LBP 的定义可以看出,LBP 算法是灰度不变的,但却不是旋转不变的。图像的旋转就会得到不同的 LBP 值。

Maenpaa 等又将 LBP 算子进行了扩展,提出了具有旋转不变性的 LBP 算子,即不断旋转圆形邻域得到一系列初始定义的 LBP 值,取其最小值作为该邻域的 LBP 值。

图 4-38 给出了求取旋转不变的 LBP 的过程示意图,图中算子下方的数字表示该算子对应的 LBP 值,图中所示的 8 种 LBP 模式,经过旋转不变的处理,最终得到的具有旋转不变性的 LBP 值为 15。也就是说,图中的 8 种 LBP 模式对应的旋转不变的 LBP 模式都是 00001111。

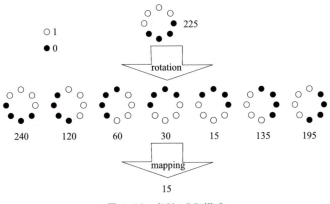

图 4-38 各种 LBP 模式

5. LBP 等价模式

一个 LBP 算子可以产生不同的二进制模式,对于半径为 R 的圆形区域内含有 P 个采样点的 LBP 算法将会产生 2^P 种模式。很显然,随着邻域集内采样点数的增加,二进制模式的种类是急剧增加的。如此多的二值模式无论对于纹理的提取还是对于纹理的识别、分类及信息的存取都是不利的。同时,过多的模式种类对于纹理的表达是不利的。例如,将 LBP 算子用于纹理分类或人脸识别时,常采用 LBP 模式的统计直方图来表达图像的信息,而较多的模式种类将使得数据量过大，且直方图过于稀疏。因此，需要对原始的 LBP 模式进行降维，使得数据量减少的情况下能最好地代表图像的信息。

为了解决二进制模式过多的问题，提高统计性，Ojala 提出采用一种"等价模式"（Uniform Pattern）来对 LBP 算子的模式种类进行降维。Ojala 等认为，在实际图像中，绝大多数 LBP 模式最多只包含 2 次从 1 到 0 或从 0 到 1 的跳变。因此，Ojala 将"等价模式"定义为：当某个 LBP 所对应的循环二进制数从 0 到 1 或从 1 到 0 最多有 2 次跳变时，该 LBP 所对应的二进制就称为一个等价模式类。如 00000000（0 次跳变）、00000111（只含一次从 0 到 1 的跳变）、10001111（先由 1 跳到 0，再由 0 跳到 1，共两次跳变）都是等价模式类。除等价模式类以外的模式都归为另一类，称为混合模式类，例如 10010111（共 4 次跳变）。

通过这样的改进，二进制模式的种类大大减少，而不会丢失任何信息。模式数量由原来的 2^P 种减少为 $P(P-1)+2$ 种，其中 P 表示邻域集内的采样点数。对于 3×3 邻域内的 8 个采样点来说，二进制模式由原始的 256 种减少为 58 种，这使得特征向量的维数更少，并且可以减少高频噪声带来的影响。

6. LBP 特征用于检测的原理

显而易见的是，上述提取的 LBP 算法在每个像素点都可以得到一个 LBP "编码"。那么，对一幅图像（记录的是每个像素点的灰度值）提取其原始的 LBP 算法之后，得到的原始 LBP 特征依然是"一幅图片"（记录的是每个像素点的 LBP 值）（图 4-39）。

LBP 的应用中，如纹理分类、人脸分析等，一般都不将 LBP 图谱作为特征向量用于分类识别，而是采用 LBP 特征谱的统计直方图作为特征向量用于分类识别。

从上面的分析可以看出，这个"特征"跟位置信息是紧密相关的。直接对两幅图片提取这种"特征"，并进行判别分析的话，会因为"位置没有

图 4-39　LBP 图谱
(a) 原图；(b) LBP 图谱

对准"而产生很大的误差。后来，研究人员发现，可以将一幅图片划分为若干的子区域，对每个子区域内的每个像素点都提取 LBP 特征，然后在每个子区域内建立 LBP 特征的统计直方图。这样每个子区域就可以用一个统计直方图来进行描述，整个图片就由若干个统计直方图组成。

例如，一幅 100×100 像素大小的图片，划分为 $10 \times 10 = 100$ 个子区域（可以通过多种方式来划分区域），每个子区域的大小为 10×10 像素；在每个子区域内的每个像素点，提取其 LBP 特征，然后建立统计直方图；这样，这幅图片就有 10×10 个子区域，也就有了 10×10 个统计直方图，利用这 10×10 个统计直方图，就可以描述这幅图片了。之后，我们利用各种相似性度量函数，就可以判断两幅图像之间的相似性了。

7. 对 LBP 特征向量进行提取的步骤

首先，将检测窗口划分为 16×16 的小区域（cell）。

对于每个 cell 中的一个像素，将相邻的 8 个像素的灰度值与其进行比较，若周围像素值大于中心像素值，则该像素点的位置被标记为 1，否则为 0。3×3 邻域内的 8 个点经比较可产生 8 位二进制数，即得到该窗口中心像素点的 LBP 值。

其次，计算每个 cell 的直方图，即每个数字（假定是十进制数 LBP 值）出现的频率，然后对该直方图进行归一化处理。

再次，将得到的每个 cell 的统计直方图连接成为一个特征向量，也就是整幅图的 LBP 纹理特征向量。

最后，可利用 SVM 或者其他机器学习算法进行分类。

CHAPTER 5

第 5 章

目标检测与识别

深度学习基本概念
图像分类
目标检测

5.1 深度学习基本概念

卷积：卷积是指在滑动中提取特征的过程，可以形象地理解为用放大镜把每步都放大并且拍下来，再把拍下来的图片拼接成一张新的大图片的过程。2D 卷积是一个相当简单的操作：我们先从一个小小的权重矩阵，也就是卷积核开始，让它逐步在二维输入数据上"扫描"。卷积核"滑动"的同时，计算权重矩阵和扫描所得的数据矩阵的乘积，然后把结果汇总成一个输出像素。

池化：池化过程一般在卷积过程后。池化的本质，其实就是采样。Pooling 对于输入的 Feature Map，选择某种方式对其进行降维压缩，以加快运算速度。两种主要池化方式分别为最大池化和平均池化。

Batch：在神经网络模型训练时，比如有 1000 个样本，把这些样本分为 10 批，就是 10 个 Batch。每个批（Batch）的大小为 100，就是 Batch size = 100。每次模型训练，更新权重时，就拿一个 Batch 的样本来更新权重。

Epoch：所有训练样本在神经网络中都进行了一次正向传播和一次反向传播。也就是 1 个 Epoch 等于使用训练集中的全部样本训练一次。

Iteration：1 个 Iteration 等于使用 Batch size 个样本训练一次。一个迭代 = 一个正向通过 + 一个反向通过。训练一个 Batch 就是一次 Iteration。

5.2 图像分类

5.2.1 AdBoost

AdBoost 是 Adaptive Boosting（自适应 Boosting）的缩写，其核心思想是针对同一个训练集训练不同的分类器（弱分类器），然后把这些弱分类器集合起来，构成一个更强的最终分类器（强分类器）。它有一个明显的特点就是排除一些不必要的特征值，把模型训练放在关键特征值数据上。

AdBoost 原理：原始的 AdBoost 算法是在算法开始的时候，为每一个样本赋上一个权重值，初始的时候，大家都是一样重要的。在每一步训练中得到的模型，会使得数据点的估计有对有错，我们就在每一步结束后，增加分错的点的权重，减少分对的点的权重，这样使得某些点如果总是被分错，那么就会被"重点关注"，也就被赋予一个很高的权重。等进行了 N 次迭代（由用户指定）后，将会得到 N 个简单的分类器（Basic Learner），然后将它们组合起来（比如说可以对它们进行加权，或者让它们进行投票等），得到一个最终的模型。

算法构建过程：

1. 假设训练集 $T = \{(x_1, y_1), (x_2, y_2) \cdots (x_n, y_n)\}$；
2. 初始化训练数据权重分布，$D_1 = (w_{11}, w_{12}, \cdots, w_{1n}), w_{1i} = \frac{1}{n}, i = 1, 2 \cdots n$；
3. 使用具有权值分布的 D_m 的训练集学习，得到基本分类器 $G_m(x)$；
4. 计算 $G_m(x)$ 在训练集上的分类误差；
5. 计算 $G_m(x)$ 模型的权重系数 a_m；
6. 权重训练集的权值分布；
7. Z_m 是规范化因子（规一化），用于确保权值分布在下一轮迭代中仍然是一个概率分布；
8. 构建分类器的线性组合；
9. 得到最终分类器。

5.2.2　SVM

支持向量机（SVM）是一种二分类模型，它将实例的特征向量映射为空间中的一些点，如图 5-1 所示的实心点和空心点，它们属于不同的两类。SVM 的目的就是想要画出一条线，以"最好地"区分这两类点，以至如果以后有了新的点，这条线也能作出很好的分类。

SVM 使用准则：n 为特征数，m 为训练样本数。

如果相较于 m 而言，n 要大许多，即训练集数据量不够支持我们训练一个复杂的非线性模型，则选用逻辑回归模型或者不带核函数的支持向量机。

如果 n 较小，而且 m 大小中等，例如 n 在 1~1000，而 m 在 10~10000，则使用高斯核函数的支持向量机。

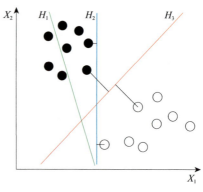

图 5-1　分类示意图

如果 n 较小，而 m 较大，例如 n 在 1~1000，而 m 大于 50000，则使用支持向量机会非常慢，解决方案是创造、增加更多的特征，然后使用逻辑回归或不带核函数的支持向量机。

5.2.3　深度学习分类算法

VGG：VGGNet 是牛津大学视觉几何组（Visual Geometry Group）提出的模型，该模型在 2014 ImageNet 图像分类与定位挑战赛 ILSVRC-2014 中取得分类任务第二、定位任务第一的优异成绩。VGGNet 突出的贡献证明了很小的卷积，通过增加网络深度可以有效提高性能。VGG 很好地继承了 Alexnet 的衣钵，同时拥有着鲜明的特点，即网络层次较深。

VGGNet 对输入图像的默认大小是 $224 \times 224 \times 3$。从图 5-2 中可以看出，VGG16 是指该网络结构含有参数的网络层一共 16 层，即 13 个卷积层和 3 个全连接层，不包括池化层和 Softmax 激活函数层。VGG16 的卷积核大小是固定的 3×3，不同卷积层的卷积核个数不同。最大池化层的池化窗口大小为 2×2，步长为 2。最后是 3 个全连接层，神经元个数分别为 4096 个、4096 个和 1000 个。其中，第 3 层全连接层有 1000 个神经元，负责分类输出，最后一层为 Softmax 输出层。

ResNet：ResNet 是一种残差网络，可以把它理解为一个子网络，这个子网络经过堆叠可以构成一个很深的网络。为什么要引入 ResNet 呢？因为网

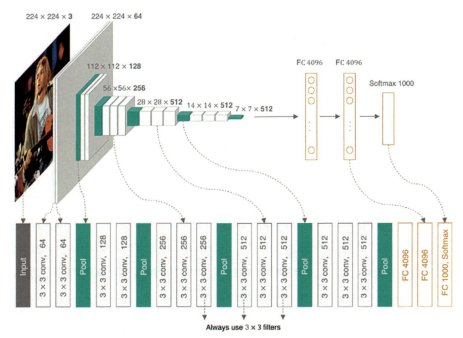

图 5-2 VGGNet-16 的网络结构

络越深，能获取的信息越多，而且特征也越丰富。但是实验表明，随着网络的加深，优化效果反而越差，测试数据和训练数据的准确率反而降低了。这是由于网络的加深会造成梯度爆炸和梯度消失的问题。目前，针对这种现象已经有了解决办法：对输入数据和中间层的数据进行归一化操作，这种方法可以保证网络在反向传播中采用随机梯度下降（SGD），从而让网络达到收敛。但是，这个方法仅对几十层的网络有用，当网络再往深处走的时候，这种方法就无用武之地了。为了让更深的网络也能训练出好的效果，何凯明"大神"提出了一个新的网络结构——ResNet。这个网络结构的想法主要源于 VLAD（残差的想法来源）和 Highway Network，如图 5-3 所示。

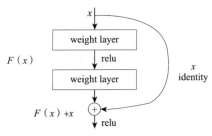

图 5-3 ResNet 网络结构图

5.3 目标检测

5.3.1 DPM 算法

DPM 算法由 Felzenszwalb 于 2008 年提出，是一种基于部件的检测方法，对目标的形变具有很强的鲁棒性。目前，DPM 已成为众多分类、分割、姿态估计等算法的核心部分。

DPM 算法采用改进后的 HOG 特征，SVM 分类器和滑动窗口（Sliding Windows）检测思想，针对目标的多视角问题，采用多组件（Component）的策略，针对目标本身的形变问题，采用基于图结构（Pictorial Structure）的部件模型策略。此外，将样本所属的模型类别、部件模型的位置等作为潜变量（Latent Variable），采用多示例学习（Multiple-Instance Learning）来自动确定。

算法步骤：

（1）通过 Hog 特征模板来刻画每一部分，然后进行匹配，并且采用金字塔，即在不同的分辨率上提取 Hog 特征。

（2）利用提出的 Deformable Part Model，在进行 object detection 时，detect window 的得分等于 part 的匹配得分减去模型变化的花费。

（3）在训练模型时，需要训练得到每一个 part 的 Hog 模板，以及衡量 part 位置分布 cost 的参数。文章中提出了 Latent SVM 方法，将 deformable part model 的学习问题转换为一个分类问题：利用 SVM 学习，将 part 的位置分布作为 latent values，模型的参数转化为 SVM 的分割超平面。具体实践中，笔者采用了迭代计算的方法，不断地更新模型。

5.3.2 YOLO V3

YOLO V3 仅使用卷积层，使其成为一个全卷积网络（FCN）。文章中，笔者提出了一个新的特征提取网络，即 Darknet-53。正如其名，它包含 53

个卷积层，每个后面跟随着 batch normalization 层和 leaky ReLU 层。没有池化层，使用步幅为 2 的卷积层替代池化层进行特征图的降采样过程，这样可以有效阻止由于池化层导致的低层级特征的损失。Darknet-53 网络如图 5-4 所示。

	Type	Filters	Size	Output
	Convolutional	32	3×3	256×256
	Convolutional	64	3×3/2	128×128
1x	Convolutional	32	1×1	
	Convolutional	64	3×3	
	Residual			128×128
	Convolutional	128	3×3/2	64×64
2x	Convolutional	64	1×1	
	Convolutional	128	3×3	
	Residual			64×64
	Convolutional	256	3×3/2	32×32
8x	Convolutional	128	1×1	
	Convolutional	256	3×3	
	Residual			32×32
	Convolutional	512	3×3/2	16×16
8x	Convolutional	256	1×1	
	Convolutional	512	3×3	
	Residual			16×16
	Convolutional	1024	3×3/2	8×8
4x	Convolutional	512	1×1	
	Convolutional	1024	3×3	
	Residual			8×8

图 5-4　Darknet-53 结构图

输入是 (m, 416, 416, 3)，输出是带有识别类的边界框列表，每个边界框由（pc, bx, by, bh, bw, c）六个参数表示。如果 c 表示 80 个类别，那么每个边界框由 85 个数字表示。

在 YOLO 中，预测过程使用一个 1×1 卷积，所以输入是一个特征图。由于使用 1×1 卷积，因此预测图正好是特征图大小（1×1 卷积只是用于改变通道数）。在 YOLO V3 中，此预测图是每个 cell 预测固定数量的边界框。

如图 5-5 所示，预测图的深度为 75，假设预测图深度为 $B \times (5+C)$，表示每个 cell 可以预测的边界框数量。这 B 个边界框可以指定检测到一个物体。每个边界框有 $5+C$ 个特征，分别描述中心点坐标和宽高与物体分数以及 C 个类置信度（图 5-5 中 $C=20$）。YOLO V3 中每个 cell 预测 3 个边界框。

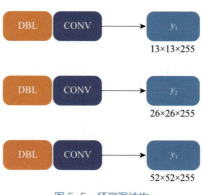

图 5-5　预测图结构

如果对象的中心（GT 框中心）落在该 cell 感受范围内，我们希望预测图的每个单元格都能通过其中一个边界框预测对象。其中，只有一个边界框负责检测物体，首先需要确定此边界框属于哪个 cell。

为了实现上面的想法，我们将原始图像分割为最后预测图维度大小的网格。如图 5-5 所示，输入图像维度为 416×416，步幅为 32（最后的预测图降采样 32 倍），最后预测图维度为 13×13，所以我们将原始图像划分为 13×13 的网格。

所谓的多尺度就是来自这 3 条预测之路，y_1、y_2 和 y_3 的深度都是 255，边长的规律是 13∶26∶52。YOLO V3 设定的是每个网格单元预测 3 个 box，所以每个 box 需要有 $(x, y, w, h, \text{confidence})$ 五个基本参数，还要有 80 个类别的概率。所以 $3 \times (5+80) = 255$，这个 255 就是这么来的。

5.3.3　YOLO V5

YOLO V5 主要由输入端、Backone、Neck 以及 Prediction 四部分组成，如图 5-6 所示。

YOLO V5 各部分网络包括的基础组件：

CBL：由 Conv + BN + Leaky_relu 激活函数组成。

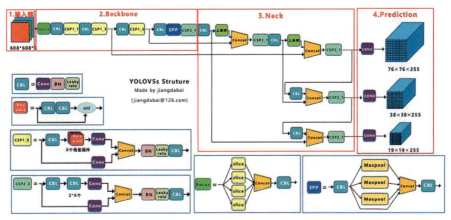

图 5-6 YOLO V5 结构图

Res unint：借鉴 ResNet 网络中的残差结构，用来构建深层网络。

CSP1_X：借鉴 CSPNet 网络结构，该模块由 CBL 模块、Res unint 模块以及卷积层、Concate 组成。

CSP2_X：借鉴 CSPNet 网络结构，该模块由卷积层和 X 个 Res unint 模块 Concate 组合而成。

Focus：首先将多个 slice 结果 Concate 起来，然后将其送入 CBL 模块中。

SPP：采用 1×1、5×5、9×9 和 13×13 的最大池化方式，进行多尺度特征融合。

YOLO V5 使用 Mosaic 数据增强操作提升模型的训练速度和网络的精度；并提出一种自适应锚框计算与自适应图片缩放方法，在 YOLO 系列算法中，针对不同的数据集，都需要设定特定长宽的锚点框。在网络训练阶段的初始阶段，模型在初始锚点框的基础上输出对应的预测框，计算其与 GT 框之间的差距，并执行反向更新操作，从而更新整个网络的参数，因此设定初始锚点框是比较关键的一环。在 YOLO V3 和 YOLO V4 中，训练不同的数据集，都是通过单独的程序运行来获得初始锚点框。

而在 YOLO V5 中将此功能嵌入代码中，每次训练，根据数据集的名称自适应地计算出最佳的锚点框，用户可以根据自己的需求将功能关闭或者打

开,指令为:

parser.add arqument('--noautoanchor', action='store true', help='disable autoanchor check')

在目标检测算法中,不同的图片长宽都不相同,因此常用的方式是将原始图片统一缩放到一个标准尺寸,再送入检测网络中。而原始的缩放方法存在一些问题,由于在实际使用中很多图片的长宽比不同,因此缩放填充之后,两端的黑边大小都不相同。然而,如果填充得过多,则会存在大量的信息冗余,从而影响整个算法的推理速度。为了进一步提升 YOLO V5 的推理速度,该算法提出一种方法能够自适应地添加最少的黑边到缩放之后的图片中。

Focus 对图片进行切片操作,具体操作是在一张图片中每隔一个像素拿到一个值,类似于邻近下采样,这样就拿到 4 张图片,4 张图片互补,长得差不多,但是没有信息丢失,这样一来,将 W、H 信息就集中到通道空间,输入通道扩充了 4 倍,即拼接起来的图片相对于原先的 RGB 3 通道模式变成 12 个通道,将得到的新图片再经过卷积操作,最终得到没有信息丢失情况下的二倍下采样特征图。

综上所述,IOU_Loss 主要考虑了检测框和 GT 框之间的重叠面积;GIOU_Loss 在 IOU 的基础上,解决边界框不重合时出现的问题;DIOU_Loss 在 IOU 和 GIOU 的基础上,同时考虑了边界框中心点距离信息;CIOU_Loss 在 DIOU 的基础上,又考虑了边界框宽高比的尺度信息。

CHAPTER 6

第 6 章

硬件构成

嵌入式硬件
视觉光源
视觉传感器
畸变矫正

6.1 嵌入式硬件

6.1.1 树莓派

树莓派由注册于英国的"Raspberry Pi 慈善基金会"开发，埃本·阿普顿（Eben Upton）为项目带头人。2012 年 3 月，英国剑桥大学的埃本·阿普顿正式发售世界上最小的台式机，又称卡片式计算机，外形只有信用卡大小，却具有计算机的所有基本功能，这就是 Raspberry Pi 计算机，中文译名"树莓派"。这一基金会以提升学校计算机科学及相关学科的教育，让计算机变得有趣为宗旨。基金会期望这一款计算机无论是在发展中国家还是在发达国家，都会有更多的其他应用不断被开发出来，并应用到更多领域。2006 年时，树莓派的早期概念是基于 Atmel 的 ATmega644 单片机，首批上市的 10000 "台" 树莓派的"板子"，由中国台湾和大陆厂家制造。

它是一款基于 ARM 的微型计算机主板，以 SD/MicroSD 卡为内存硬盘，卡片主板周围有 1/2/4 个 USB 接口和一个 10/100 以太网接口（A 型没有网口），可连接键盘、鼠标和网线，同时拥有视频模拟信号的电视输出接口和 HDMI 高清视频输出接口，以上部件全部整合在一张仅比信用卡稍大的主板上，具备所有计算机的基本功能，只需接通电视机和键盘，就能执行如电子表格、文字处理、玩游戏、播放高清视频等诸多功能。Raspberry Pi B 款只提供计算机主板，无内存、电源、键盘、机箱或连线。

树莓派版本区别：

（1）树莓派早期有 A 型和 B 型两个型号。

A 型：1 个 USB、无有线网络接口、功率 2.5W、500mA、256MB RAM；

B 型：2 个 USB、支持有线网络、功率 3.5W、700mA、512MB RAM。

（2）2014 年 7 月和 11 月，树莓派分别推出 B+ 和 A+ 两个型号，主要区别：Model A 没有网络接口，将 4 个 USB 端口缩小到 1 个。另外，相对于 Model B 来讲，Model A 内存容量有所缩小，并具备更小的尺寸设计。Model

A 可以说是 Model B 的廉价版本。虽说是廉价版本，但新型号 Model A 也支持同 Model B 一样的 MicroSD 卡读卡器、40-pin 的 GPI 连接端口、博通 BCM2835 ARM11 处理器、256MB 的内存和 HDMI 输出端口。

从配置上来说，Model B+ 使用了和 Model B 相同的 BCM2835 芯片和 512MB 内存，但和前代产品相比较，B+ 版本的功耗更低，接口也更丰富。Model B+ 将通用输入输出引脚增加到 40 个，USB 接口也从 B 版本的 2 个增加到 4 个。除此之外，Model B+ 的功耗降低了约 0.5～1W，旧款的 SD 卡插槽被换成更美观的推入式 MicroSD 卡槽，音频部分则采用低噪供电。从外形上来看，USB 接口被移到主板的一边，复合视频移到 3.5mm 音频口的位置，此外还增加了 4 个独立的安装孔。

（3）树莓派 2B 型。

搭载 900MHz 的四核处理器（900MHz quad-core ARM Cortex-A7 CPU），预计性能 6 倍于之前的 B+ 版本。采用 1GB LPDDR2 SDRAM，2 倍于之前的 B+ 版本。由于 CPU 已经升级到 ARM Cortex-A7 系，所以树莓派 2 将支持运行全系列的 ARM GNU/Linux 发行版，包括 Ubuntu 甚至微软的 Windows 10。

（4）树莓派 3B 版本。

搭载 1.2GHz 的 64 位四核处理器（ARM Cortex-A53 1.2GHz 64-bit quad-core ARMv8 CPU），增加 802.11 b/g/n 无线网卡，增加低功耗蓝牙 4.1 适配器。最大驱动电流增加至 2.5A。

（5）树莓派 4B 型。

搭载 1.5GHz 的 64 位四核处理器（Broadcom BCM2711，Quad core Cortex-A72（ARM v8）64-bit SoC @ 1.5GHz）、VideoCore Ⅵ GPU，支持 H.265（4Kp60 decode）、H.264（1080p60 decode，1080p30 encode），OpenGL ES 3.0 graphics、1GB/2GB/4GB LPDDR4 内存。

①全吞吐量千兆以太网（PCI-E 通道）；

②支持 Bluetooth 5.0，BLE；

③ 2 个 USB 3.0 和 2 个 USB 2.0 接口；

④双 Micro HDMI 输出，支持 4k 分辨率；

⑤MicroSD 存储系统增加了双倍数据速率支持；

⑥先前版本的 MicroUSB 供电接口在树莓派 4B 型中变更为 USB Type-C 接口；

⑦驱动电流增加至 3A。

6.1.2 香橙派

香橙派（Orange Pi）是由 Linux 驱动的单板计算机家族的一员，与 Raspberry Pi 不同，Raspberry Pi 家族型号比较少，不过在逐步增加，为单板计算机家族添加了几个具有不同价位及功能特色的型号，但是相对而言 Orange Pi 的型号更丰富。

香橙派是一款开源的单板计算机，新一代的 ARM 开发板，它可以运行 Android6.0、Ubuntu、Debian 等操作系统，兼容树莓派。香橙派平板使用全志 A64 系统级芯片，同时拥有 1GB（Win）DDR3 内存。

香橙派系列的产品有很多，比如 Orange Pi Win、Orange Pi Plus 等。

6.1.3 Jetson Nano、Xavier

Jetson Nano 是由英伟达（NVIDIA）开发的一款小型单板计算机。它的尺寸大约是台式机的四分之一。它具有 4 个核心的 ARM Cortex-A57 CPU 和一个 128 个核心的 Maxwell GPU，可以提供 1.43 TFLOPS 的浮点运算能力。它配备了 4GB LPDDR4 内存，有一个 MicroSD 卡插槽，可以用来存储操作系统和应用程序。它还有多种输入/输出接口，包括 HDMI、Ethernet、USB 3.0 和 GPIO，可以方便地连接传感器、摄像头和其他外围设备。

Xavier 是英伟达（NVIDIA）开发的一款高性能、高能效的嵌入式 AI 计算平台。它被设计用于自主机器人、无人机和其他需要实时处理大量数据的嵌入式系统中。它基于英伟达 Volta 架构，拥有 512 个 Volta GPU 核心和一个定制的八核 ARM CPU。它能够提供超过 30TOPS（每秒万亿次操作）的性能，使其成为市面上最强大的嵌入式 AI 平台之一。它通常用于机器人技术、智慧城市和自动驾驶等应用中（表 6-1）。

表 6-1 Jetson Nano 两种版本对比

版本	A02	B01
图片		
GPU	128-core Maxwell	128-core Maxwell
CPU	Quad-core ARM A57 @ 1.43 GHz	Quad-core ARM A57 @ 1.43 GHz
内存	4GB 64-bit LPDDR4 25.6 GB/s	4GB 64-bit LPDDR4 25.6 GB/s
储存	MicroSD	MicroSD
视频编码	4k @ 30、4 × 1080p @ 30、9 × 720p @ 30（H.264/H.265）	4k @ 30、4 × 1080p @ 30、9 × 720p @ 30（H.264/H.265）
视频解码	4k @ 60、2 × 4k @ 30、8 × 1080p @ 30、18 × 720p @ 30（H.264/H.265）	4k @ 60、2 × 4k @ 30、8 × 1080p @ 30、18 × 720p @ 30（H.264/H.265）
摄像头	1 个 MIPI CSI-2 DPHY lanes	2 个 MIPI CSI-2 DPHY lanes
网络接口	Gigabit Ethernet，M.2 Key E	Gigabit Ethernet，M.2 Key E
显示接口	HDMI，display port	HDMI，display port
USB 接口	4 × USB 3.0，1 × USB 2.0 Micro-B	4 × USB 3.0，1 × USB 2.0 Micro-B
供电接口	5V 4A DC 5.5 × 2.1mm 接口	5V 4A DC 5.5 × 2.1mm 接口
其他接口	GPIO，I2C，I²S，SPI，UART	GPIO，I2C，I²S，SPI，UART
尺寸	100mm × 80mm × 29mm	100mm × 80mm × 29mm

6.1.4　K210

K210 全称为堪智 K210，是嘉楠科技自主研发的一款采用 RISC-V 处理器的架构，具备视听一体、自主 IP 内核与可编程能力强三大特点，支持机器视觉与机器听觉多模态识别，可广泛应用于智能家居、智能园区、智能能耗和智能农场等场景。堪智 K210 使用台积电超低功耗的 28nm 先进制程，具有双核 64 位处理器，总算力可达 1TOPS，内置多种硬件加速单元（KPU、FPU、FFT 等），并且拥有较好的功耗性能、稳定性与可靠性。

6.1.5　RK3399

RK3399 是中国公司 Rockchip 开发的一款高性能、低功耗处理器。它是一款六核处理器，包括 2 个 ARM Cortex-A72 核心和 4 个 Cortex-A53 核心。它还拥有一个 Mali-T860 图形处理器，可以提供高达 4k 分辨率的视频解码能力。此外，它还有多种输入 / 输出接口，包括 HDMI、USB 3.0 和 PCIe，可以方便地连接外围设备。它能够提供高达 2.0GHz 的计算性能，通常用于需要高速处理大量数据的应用，例如游戏、视频播放和 AI 应用。它通常用于平板计算机、笔记本计算机和单板计算机等设备中。

6.2　视觉光源

6.2.1　线光源

线光源是一种可以产生线形光束的光源。它可以用于多种应用，例如机器视觉，可以用来以特定的方式照亮物体或场景。线光源可以使用多种技术制造，如 LED、卤素灯或荧光灯。它们通常与传感器或摄像头配合使用，为成像应用提供均匀、可控的照明源。

6.2.2　面光源

面光源是一种可以产生宽阔漫射光束的光源。它可以均匀地照亮表面。这在摄影或摄像等应用中很有用，因为它可以提供均匀、柔和的光线。相对于普通灯具光源而言，现有面光源如平板光源具有出光柔和、不伤眼、省电、光线自然等特点。

6.3 视觉传感器

6.3.1 清晰度

1. 标清

所谓标清，英文为"Standard Definition"，是物理分辨率在 1280p×720p 以下的一种视频格式，是指视频的垂直分辨率为 720 线逐行扫描。具体地说，是指分辨率在 400 线左右的 VCD、DVD、电视节目等"标清"视频格式，即标准清晰度。

2. 高清

物理分辨率达到 720p 以上则称作高清（High Definition，HD）。关于高清的标准，国际上公认的有两条：视频垂直分辨率超过 720p 或 1080i；视频宽纵比为 16∶9。

3. 4k

4k 分辨率是指水平方向每行像素值达到或者接近 4096 个，不考虑画幅比。而根据使用范围的不同，4k 分辨率也有各种各样的衍生分辨率，例如 Full Aperture 4k 的 4096×3112、Academy 4k 的 3656×2664 以及 UHDTV 标准的 3840×2160 等，都属于 4k 分辨率的范畴。

4. 8k

8k（8k UHD）是一种电视分辨率标准，它提供了非常高清的图像。8k 电视具有 7680×4320 像素的分辨率，这意味着它比 4k UHD 标准高出 4 倍。这种分辨率使得图像看起来非常清晰，细节更加细腻。8k 电视需要更快的处理器和更大的带宽，因此目前它在市场上不是很普及。但随着技术的发展，8k 的应用领域将会继续扩大。

6.3.2 焦距

焦距是光学系统中衡量光的聚集或发散的度量方式，指平行光入射时从透镜光心到光聚集之焦点的距离。具有短焦距的光学系统比长焦距的光学系统有更佳的聚集光的能力。简单地说，焦距是焦点到面镜的中心点之间的距离。照相机中焦距＜像距＜两倍焦距才能成像。

6.3.3 摄像机

1. 枪机

枪机是一种常用于安防监控的摄像机。它通常安装在枪柄或枪身上，具有调节角度和放大倍数的功能。它可以捕捉到远距离目标的高清图像和视频，对于远距离监控和精确定位有重要作用。枪机通常用于军事、警用和安防应用中。

2. 球机

球机，又称半球形摄像机或鱼眼摄像机，是一种具有非常宽广视野的摄像机。它通常安装在球形或圆顶形的外壳上，可以捕捉周围 360° 的视野。这使它非常适合需要广阔全景视野的应用，例如监控、情景感知或测绘。球机通常用于安全系统、交通摄像头和机器人等应用中。

3. 工业相机

工业相机是机器视觉系统中的一个关键组件，其最本质的功能就是将光信号转变成有序的电信号。选择合适的相机也是机器视觉系统设计中的重要环节，相机的选择不仅直接决定所采集到的图像分辨率、图像质量等，同时也与整个系统的运行模式直接相关。

工业相机俗称工业摄像机，相比于传统的民用相机（摄像机）而言，它具有高的图像稳定性、高传输能力和高抗干扰能力等，市面上工业相机大多是基于 CCD（Charge Coupled Device）或 CMOS（Complementary Metal

Oxide Semiconductor）芯片的相机。

CCD 是目前机器视觉中最为常用的图像传感器。它集光电转换及电荷存贮、电荷转移、信号读取于一体，是典型的固体成像器件。CCD 的突出特点是以电荷作为信号，而不同于其他器件的以电流或者电压作为信号。这类成像器件通过光电转换形成电荷包，而后在驱动脉冲的作用下转移、放大输出图像信号。典型的 CCD 相机由光学镜头、时序及同步信号发生器、垂直驱动器、模拟/数字信号处理电路组成。CCD 作为一种功能器件，与真空管相比，具有无灼伤、无滞后、低电压工作、低功耗等优点。

CMOS 图像传感器的开发最早出现在 20 世纪 70 年代初。20 世纪 90 年代初期随着超大规模集成电路（VLSI）制造工艺技术的发展，CMOS 图像传感器得到迅速发展。CMOS 图像传感器将光敏元阵列、图像信号放大器、信号读取电路、模数转换电路、图像信号处理器及控制器集成在一块芯片上，还具有局部像素的编程随机访问的优点。CMOS 图像传感器以其良好的集成性、低功耗、高速传输和宽动态范围等特点在高分辨率和高速场合得到广泛的应用。

6.4 畸变矫正

我们拿到一部新的相机，用来拍照，将三维世界的信息投影到二维平面，得到一张 RGB 图像（图 6-1）。

一般来说，小孔成像模型就可以解释成像原理，但是在真正的使用过程中，由于镜片的畸变和装配等原因，单纯的小孔成像模型无法满足要求。

在需要重建三维信息的项目中，我们需要利用图像平面的特征点和对应的深度值，以及内参和外参，利用小孔成像模型的三角关系，计算出该特征点的三维坐标。径向畸变比较大的情况下，RGB 图片都有比较大的畸变，

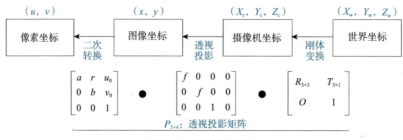

图 6-1 相机成像过程

必须校正。

但是相机内参一般是不好测量的，出厂的参数也很难直接拿来使用，因为制作和装配会有偏差。比如 Kinect v2 相机，成像效果就畸变得厉害（深度图和 RGB 图不匹配）。因此，如果需要高精度的测量，必须进行"相机标定"。

张正友相机标定法：

张正友相机标定法（简称张氏标定法）是张正友教授于 1998 年提出的单平面棋盘格的相机标定方法。传统标定法的标定板是需要三维的，需要非常精确，这很难制作，而张正友教授提出的方法介于传统标定法和自标定法之间，但克服了传统标定法需要的高精度标定物的缺点，仅需使用一个打印出来的棋盘格就可以。同时，相对于自标定而言，其提高了精度，便于操作。因此，张氏标定法被广泛应用于计算机视觉方面。

1. 相机标定

（1）目的

相机标定的目的：建立相机成像几何模型并矫正透镜畸变。下面分别对其中两个关键部分进行解释。

建立相机成像几何模型：计算机视觉的首要任务就是通过拍摄到的图像信息获取物体在真实三维世界里相对应的信息。于是，建立物体从三维世界映射到相机成像平面这一过程中的几何模型就显得尤为重要，而这一过程最关键的部分就是要得到相机的内参和外参。

矫正透镜畸变：在很早以前，墨子就发现了用一个带有小孔的板遮挡在墙体与物体之间，墙体上就会形成物体的倒影，这种现象即为小孔成像。但是由于这种成像方式只有小孔部分能透过光线，就会导致物体的成像亮度很低，于是人们发明了透镜。虽然亮度问题解决了，但是新的问题又来了：由于透镜的制造工艺，会使成像产生多种形式的畸变，为了去除畸变（使成像后的图像与真实世界的景象保持一致），人们计算并利用畸变系数来矫正这种像差。虽然理论上可以设计出不产生畸变的透镜，但其制造工艺相对于球面透镜会复杂很多，所以相对于复杂且高成本的制造工艺，人们更喜欢用数学来解决问题。

（2）原理

相机标定的目的之一是建立物体从三维世界到成像平面上各坐标点的对应关系，所以首先我们需要定义这样几个坐标系来为整个过程做好铺垫。

世界坐标系（World Coordinate System）：用户定义的三维世界的坐标系，为了描述目标物在真实世界里的位置而被引入。一般描述为 $P_w = (X_w, Y_w, Z_w)$，单位为米（m）。

相机坐标系（Camera Coordinate System）：在相机上建立的坐标系，为了从相机的角度描述物体位置而定义，作为沟通世界坐标系和图像/像素坐标系的中间一环。一般描述为 $P_c = (X_c, Y_c, Z_c)$，单位为米（m）。

图像坐标系（Image Coordinate System）：为了描述成像过程中物体从相机坐标系到图像坐标系的投影透射关系而引入，方便进一步得到像素坐标系下的坐标。一般描述为 $p(x, y, 1)$，单位为米（m）。

像素坐标系（Pixel Coordinate System）：为了描述物体成像后的像点在数字图像上的坐标而引入，是我们真正从相机内读取到的信息所在的坐标系。一般描述为 (u, v)，单位为个（像素数目）。

图 6-2 可以更清晰地表达这四个坐标系之间的关系：

世界坐标系：X_w, Y_w, Z_w。相机坐标系：X_c, Y_c, Z_c。图像坐标系：x, y。像素坐标系：u, v。

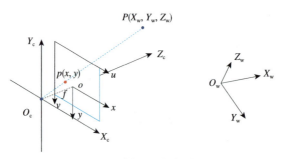

图 6-2　坐标系之间的关系

从图 6-2 中可以看出，在世界坐标中的一条直线上的点在相机上只呈现出一个点，其中发生了非常大的变化，同时也损失了很多重要的信息，这正是 3D 重建、目标检测与识别领域的重点和难点。实际中，镜头并非理想的透视成像，带有不同程度的畸变。理论上镜头的畸变包括径向畸变和切向畸变，切向畸变影响较小，通常只考虑径向畸变。

径向畸变：径向畸变主要由镜头径向曲率产生（光线在远离透镜中心的地方比靠近中心的地方更加弯曲），导致真实成像点向内或向外偏离理想成像点。其中，畸变像点相对于理想像点沿径向向外偏移，远离中心的，称为枕形畸变（图 6-3）；径向畸点相对于理想像点沿径向向中心靠拢，称为桶形畸变（图 6-4）。

图 6-3　枕形畸变

图 6-4　桶形畸变

用数学公式表示为：

$$v \sim K[R|t]V \tag{6-1}$$

即

$$\begin{pmatrix} x \\ y \\ 1 \end{pmatrix} \sim \begin{bmatrix} fa & s & x_0 \\ 0 & f & y_0 \\ 0 & 0 & 1 \end{bmatrix}[R|t]\begin{pmatrix} X \\ Y \\ Z \\ 1 \end{pmatrix} = \begin{bmatrix} a & b & c & d \\ e & f & g & h \\ i & j & k & l \end{bmatrix}\begin{pmatrix} X \\ Y \\ Z \\ 1 \end{pmatrix} \tag{6-2}$$

其中，"~"表示等价关系；$v = \begin{pmatrix} x \\ y \\ 1 \end{pmatrix}$ 为相机中的坐标；$V = \begin{pmatrix} X \\ Y \\ Z \\ 1 \end{pmatrix}$ 为真实世界的坐标；

K 为内参矩阵，是相机内部参数组成的一个 3×3 的矩阵；f 代表焦距；s 为畸变参数；

(x_0, y_0) 为中心点坐标；a 为纵横比例参数，我们可以默认设为 1，所以 $x_0 = ay_0$；

$[R|t]$ 为外参矩阵，R 是描述照相机方向的旋转矩阵，t 是描述照相机中心位置的三维平移向量。

2. 张正友标定法原理

1）整体流程（图 6-5）

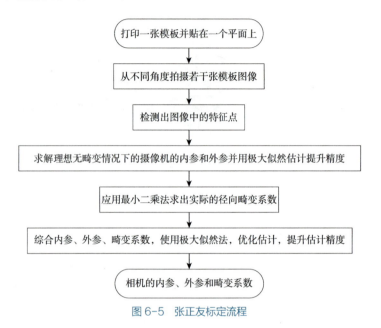

图 6-5　张正友标定流程

2）模型假设

2D 图像点：$m = [u, v]^T$；

3D 空间点：$M = [X, Y, X]^T$；

齐次坐标：$\widetilde{m} = [u, v, 1]^T$，$\widetilde{M} = [X, Y, Z, 1]^T$；

描述空间坐标到图像坐标的映射：

$$s\widetilde{m} = A[R|t]\widetilde{M}, \quad A = \begin{bmatrix} \alpha & \gamma & u_0 \\ 0 & \beta & v_0 \\ 0 & 0 & 1 \end{bmatrix}$$

式中　s——世界坐标系到图像坐标系的尺度因子；

　　　A——相机内参矩阵；

(u_0, v_0)——像主点坐标；

　　　α, β——焦距与像素纵比的融合；

　　　γ——径向畸变参数。

不妨设棋盘格位于 $Z = 0$，定义旋转矩阵 R 的第 i 列为 r_i，则有：

$$s \begin{bmatrix} u \\ v \\ 1 \end{bmatrix} = A \begin{bmatrix} r_1 & r_2 & r_3 & t \end{bmatrix} \begin{bmatrix} X \\ Y \\ 0 \\ 1 \end{bmatrix} = A \begin{bmatrix} r_1 & r_2 & t \end{bmatrix} \begin{bmatrix} X \\ Y \\ 1 \end{bmatrix}$$

于是空间到图像的映射可改为：$s\widetilde{m} = H\widetilde{M}, H = A \begin{bmatrix} r_1 & r_2 & t \end{bmatrix}$。

3）模型求解

棋盘是一块由黑白方块间隔组成的标定板，我们用它作为相机标定的标定物（从真实世界映射到数字图像内的对象）。之所以用棋盘作为标定物是因为平面棋盘模式更容易处理（相对于复杂的三维物体），但与此同时，二维物体相对于三维物体会缺少一部分信息，于是我们会多次改变棋盘的方位来捕捉图像，以求获得更丰富的坐标信息。如图 6-6 所示为相机在不同方向拍摄的同一个棋盘图像。

（1）内外参数求解

令 $H = [h_1 \quad h_2 \quad h_3]$，则 $[h_1 \quad h_2 \quad h_3] = \lambda A [r_1 \quad r_2 \quad t]$。

其中，H 为一个 3×3 的矩阵，并且有一个元素作为齐次坐标。因此，H 有 8 个自由度。

现在有 8 个自由度需要求解，所以需要 4 个对应点，也就是 4 个点就可

图 6-6　不同角度下拍摄的棋盘格

以求出图像平面到世界平面的单应性矩阵 H。

通过 4 个点，我们就可以获得单应性矩阵 H。但是，H 是内参阵和外参阵的合体。我们想要最终分别获得内参和外参，需要想个办法，先把内参求出来，然后外参也就随之解出。观察一下这个公式：

$$[h_1 \quad h_2 \quad h_3] = \lambda A[r_1 \quad r_2 \quad t]$$

我们可以知道以下约束条件：

①因为 r_1、r_2 是分别绕 x 轴和 y 轴得到的，而 x 轴和 y 轴均垂直于 z 轴，因此 r_1、r_2 正交，即 $r_1 r_2 = 0$。

②旋转向量的模为 1，也就是说 $|r_1| = |r_2| = 1$，这是因为旋转不改变尺度。

根据这两个约束条件，经过数学变换，可以得到：

$$\begin{aligned} h_1^T A^{-T} A^{-1} h_2 &= 0 \\ h_1^T A^{-T} A^{-1} h_1 &= h_2^T A^{-T} A^{-1} h_2 \end{aligned} \quad (6-3)$$

观察上面的两个公式可以看出，由于 h_1 和 h_2 是通过单应性求解出来的，所以我们要求解的参数就变成 A 矩阵中未知的 5 个参数。我们可以通过 3 个单应性矩阵来求解这 5 个参数，利用 3 个单应性矩阵在两个约束下可以生成 6 个方程。其中，3 个单应性矩阵可以通过 3 张对同一标定板不同角度和高度的照片获得。

用数学公式来表达如下：

$$B = A^{-T} A^{-1} = \begin{bmatrix} B_{11} & B_{21} & B_{31} \\ B_{12} & B_{22} & B_{32} \\ B_{13} & B_{23} & B_{33} \end{bmatrix}$$

$$= \begin{bmatrix} \dfrac{1}{\alpha^2} & -\dfrac{\gamma}{\alpha^2 \beta} & \dfrac{v_0 \gamma - u_0 \beta}{\alpha^2 \beta} \\ -\dfrac{\gamma}{\alpha^2 \beta} & \dfrac{\gamma^2}{\alpha^2 \beta^2} + \dfrac{1}{\beta^2} & -\dfrac{\gamma(v_0 \gamma - u_0 \beta)}{\alpha^2 \beta^2} - \dfrac{v_0^2}{\beta^2} \\ \dfrac{v_0 \gamma - u_0 \beta}{\alpha^2 \beta} & -\dfrac{\gamma(v_0 \gamma - u_0 \beta)}{\alpha^2 \beta^2} - \dfrac{v_0^2}{\beta^2} & \dfrac{(v_0 \gamma - u_0 \beta)^2}{\alpha^2 \beta^2} + \dfrac{v_0^2}{\beta^2} + 1 \end{bmatrix} \quad (6-4)$$

我们很容易发现 B 是一个对称阵，因此 B 的有效元素就剩下 6 个，即：

$$b = [B_{11} \quad B_{12} \quad B_{22} \quad B_{13} \quad B_{23} \quad B_{33}]^T$$

进一步简化：

$$h_i^T B h_j = v_{ij}^T b \tag{6-5}$$

通过计算可以得到：

$$v_{ij} = \begin{bmatrix} h_{i1}h_{j1} & h_{i1}h_{j2}+h_{i2}h_{j1} & h_{i2}h_{j2} & h_{i3}h_{j1}+h_{i1}h_{j3} & h_{i3}h_{j2}+h_{i2}h_{j3} & h_{i3}h_{j3} \end{bmatrix}^T$$

利用上面提到的两个约束条件，可以得到下面的方程组：

$$\begin{bmatrix} v_{12}^T \\ (v_{11}-v_{22})^T \end{bmatrix} b = 0$$

这个方程组的本质和前面由 h 和 A 组成的约束条件方程组是一样的。

通过至少含一个棋盘格的三幅图像，应用上述公式就可以估算出 B。得到 B 后，我们通过 cholesky 分解，就可以得到摄像机的内参阵 A 的 6 个自由度，即：

$$\begin{aligned}
v_0 &= (B_{12}B_{13}-B_{11}B_{23})/(B_{11}B_{22}-B_{12}^2) \\
\lambda &= B_{33}-\left[B_{13}^2+v_0(B_{12}B_{13}-B_{11}B_{23})\right]/B_{11} \\
\alpha &= \sqrt{\lambda/B_{11}} \\
\beta &= \sqrt{\lambda B_{11}/(B_{11}B_{22}-B_{12}^2)} \\
\gamma &= -B_{12}\alpha^2\beta/\lambda \\
u_0 &= \gamma v_0/\alpha - B_{13}\alpha^2/\lambda
\end{aligned}$$

再根据 $[h_1 \quad h_2 \quad h_3] = \lambda A[r_1 \quad r_2 \quad t]$ 简化可得外部参数，即：

$$\begin{aligned}
& r_1 = \lambda A^{-1}h_1, \; r_2 = \lambda A^{-1}h_2, \; r_3 = r_1 \times r_2, \; t = \lambda A^{-1}h_3 \\
& \lambda = 1/\|A^{-1}h_1\| = 1/\|A^{-1}h_2\|
\end{aligned} \tag{6-6}$$

（2）畸变系数求解

真实的镜头并非理想的透视成像，而是带有不同程度的畸变。理论上镜头的畸变包括径向畸变和切向畸变，切向畸变影响较小，通常只考虑径向畸变，而且在径向畸变的求解中，仅考虑起主导作用的二元泰勒级数展开的前两个系数。

张氏标定法中只关注径向畸变，畸变系数的数学计算方式如下：

设 (u, v) 为理想（不可观测的无畸变）像素图像坐标，$(\breve{u}, \breve{v})$ 为对应的真实观测图像坐标。类似地，(x, y) 和 $(\breve{x}, \breve{y})$ 是理想的（无失真的）和真实（扭曲的）归一化图像坐标。我们有：

$$\begin{aligned} \breve{x} &= x + x\,[k_1(x^2 + y^2) + k_2(x^2 + y^2)^2] \\ \breve{y} &= y + y\,[k_1(x^2 + y^2) + k_2(x^2 + y^2)^2] \end{aligned} \quad (6\text{-}7)$$

其中，k_1、k_2 是径向畸变的系数。径向畸变的中心与主点相同。由 $\breve{u} = u_0 + a\breve{x} + c\breve{y}$ 和 $\breve{v} = v_0 + \beta\breve{y}$，我们有：

$$\begin{aligned} \breve{u} &= u + (u - u_0)[k_1(x^2 + y^2) + k_2(x^2 + y^2)^2] \\ \breve{v} &= v + (v - v_0)[k_1(x^2 + y^2) + k_2(x^2 + y^2)^2] \end{aligned}$$

那么对于图像上的任意一点，我们可以得到两个等式。化成矩阵形式：

$$\begin{bmatrix} (u - u_0)(x^2 + y^2) & (u - u_0)(x^2 + y^2)^2 \\ (v - v_0)(x^2 + y^2) & (v - v_0)(x^2 + y^2)^2 \end{bmatrix} \begin{bmatrix} k_1 \\ k_2 \end{bmatrix} = \begin{bmatrix} \breve{u} - u \\ \breve{v} - v \end{bmatrix} \quad (6\text{-}8)$$

可以计算出 (x, y)（可通过摄像机模型直接解出）、(u_0, v_0)（与是否畸变无关，直接在已求得的内参阵中得到）、$(\breve{x}, \breve{y})$（即直接读取的有畸变的像素坐标）、(u, v)（由摄像机模型通过物体的世界坐标点解出）。那么，两个方程两个未知数，我们用一点就可以求得径向畸变。因为我们有 n 张图片，每张图片上有 m 个点，所以可以得到 $2mn$ 个等式。运用最小二乘法对结果进行优化。可用下式解径向畸变（$k = [k_1, k_2]$）：

$$k = (D^T D)^{-1} D^T d \quad (6\text{-}9)$$

为了使标定能估算实际存在径向畸变的摄像机参数，我们需要把上式求解得到的畸变参数连同前面得到的理想无畸变条件下的内外参一起，进行极大似然估计。

$$\sum_{i=1}^{n}\sum_{j=1}^{m}\left\|m_{ij}-\breve{m}(A,k_1,k_2,R_i,t_i,M_j)\right\|^2 \qquad (6-10)$$

然后，仍然用 Levenberg-Marquardt 算法进行计算，最终可得到存在畸变情况的摄像机参数。

通过下述公式对畸变进行矫正：

$$\begin{aligned}u &= \breve{u}+(\breve{u}-u_0)[k_1(x^2+y^2)+k_2(x^2+y^2)^2] \\ v &= \breve{v}+(\breve{v}-v_0)[k_1(x^2+y^2)+k_2(x^2+y^2)^2]\end{aligned} \qquad (6-11)$$

其中，(u,v) 代表矫正畸变后的像素坐标，$(\breve{u},\breve{v})$ 代表实际径向畸变情况下图像的像素坐标，效果如图 6-7 所示。

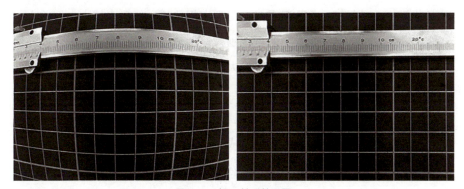

图 6-7　矫正前后效果图

（3）精度优化

在张正友标定法中，使用了两次极大似然估计策略，第一次是在不考虑畸变的情况下求解内参和外参，第二次是求解实际的畸变系数。

极大似然估计是一种估计总体未知参数的方法。它主要用于点估计问题。所谓点估计是指用一个估计量的观测值来估计未知参数的真值，即在参数空间中选取使得样本取得观测值概率最大的参数。

我们定义似然函数如下：

总体分布为离散型的（p 是已知的分布律）：

$$L(\theta_1,\theta_2,\theta_3,\cdots,\theta_k)=\prod_{i=1}^{n}p(x_i,\theta_1,\theta_2,\theta_3,\cdots,\theta_k) \qquad (6-12)$$

总体分布为连续性的（f 为概率密度函数）：

$$L(\theta_1,\theta_2,\theta_3,\cdots,\theta_k) = \prod_{i=1}^{n} f(x_i,\theta_1,\theta_2,\theta_3,\cdots,\theta_k) \qquad (6-13)$$

极大似然估计就是在 $\theta_1,\theta_2,\theta_3,\cdots,\theta_k$ 的可取范围内，挑选出来的使 L 达到最大的未知参数的估计值 $\hat{\theta}_1,\hat{\theta}_2,\hat{\theta}_3,\cdots,\hat{\theta}_k$。

如果满足：$L(\hat{\theta}_1,\hat{\theta}_2,\hat{\theta}_3,\cdots,\hat{\theta}_k) = \max L(\theta_1,\theta_2,\theta_3,\cdots,\theta_k)$，那么 $\hat{\theta}_1,\hat{\theta}_2,\hat{\theta}_3,\cdots,\hat{\theta}_k$ 就称为极大似然估计值。

对于很多实验，我们可以观察到样本，但影响样本的参数却是未知的，即需要根据样本对参数进行估计。其中，极大似然估计即是其常用的方法。现实世界中，存在着一条普遍规律：与现实相差越远的概率越小，偏差大的总是占少数。所以，可能发生的概率越大，就会越接近真实值。极大似然估计就是应用这种思想，认为可能性最大的就是最优的估计值，即极大似然估计值就是最接近真实值的参数值。

因为我们假定图像上的角点是被噪声干扰的，且认为这些噪声是高斯噪声，那么噪声的幅度就是观测值造成的误差。但高斯噪声的概率密度是已知的，所以可以用前面所述的极大似然估计的思想去估计真值。

接下来我们需要构造一个似然函数，然后寻找其最大值。在论文里，张正友教授略过推导，直接给出了公式：

$$\sum_{i=1}^{n}\sum_{j=1}^{m}\left\|m_{ij}-\hat{m}(A,R_i,t_i,M_j)\right\|^2 \qquad (6-14)$$

当此式取得最大值时，就是参数的最大似然估计值。张氏标定法运用了可以用来解决多参数非线性系统优化问题的 Levenberg-Marquardt 算法，使得此式最小。

CHAPTER 7

第 7 章
边坡工程监测

边坡工程监测目的与监测内容
边坡工程的变形监测
边坡监测常用仪器设备
常用的监测方法
综合监测网点的布置
监测时限与监测频率
深层位移曲线类型及分析

7.1 边坡工程监测目的与监测内容

7.1.1 监测目的

通过监测可以及时掌握滑坡、崩塌变形破坏的特征信息，分析其动态变化规律，进而正确评价其稳定性，预测预报滑坡、崩塌灾害发生的空间、时间及规模，为防灾、减灾提供可靠的技术资料和科学依据；为修改设计和指导施工提供客观标准；为工程岩土体力学参数的反演分析提供资料；为掌握滑坡、崩塌变形特征和规律提供资料，指导在滑坡发生严重变形条件下的应急处理（表7-1）。

各阶段的监测目的 表7-1

阶段	目的
勘察设计阶段	结合工程地质勘察进行监测，为设计、施工提供资料，即通过对滑动面的确定，反算 c、ϕ 值，达到安全、可靠、经济的治理目的
施工阶段	为动态法设计提供数据，为施工提供安全保障
运营阶段	保障生命财产的安全，发现隐患及时处置

7.1.2 监测内容

（1）变形监测：地表大地变形、地表裂缝位错、边坡深部位移、支护结构变形。

（2）应力监测：边坡地应力，锚杆（索）应力，支护结构应力，边坡内部、外锚头、锚杆主筋、结构应力最大处。

（3）其他监测：地下水监测孔隙水压力、扬压力、动水压力，地下水水质，地下水、渗水与降雨关系以及降雨、洪水与时间关系，出水点、钻孔、滑体与滑面孔隙水压力仪、抽水试验、水化学分析等。

7.1.3 边坡监测技术要求

1. 监测的针对性

边坡的监测设计应根据工程的地质条件、设计、施工和加固的需要,有针对性地进行。通常应根据边(滑)坡变形的工程地质条件和形状,预测边(滑)坡的变形和破坏机理,根据边(滑)坡的变形和破坏机理,预测监测参数的大小,据此选择监测项目和仪器。

2. 监测的阶段性

监测设计应区分阶段,不同阶段的监测项目不同。边坡工程以安全为主的监测从开挖开始就同时进行,甚至在施工之前还有前期监测;整治期间,还应进行安全和检验整治效果的监测;且施工期的监测和运行期的监测同样重要,这不仅因为施工期的安全问题更为突出、重要,而且监测的初始值应在施工期尽早建立。

3. 监测的及时性

监测实施好坏的关键之一在于监测实施的各个环节是否及时。这些环节包括监测反馈、监测信息收集。保证施工安全是监测的目的,其余的各个环节则是达到目的的手段。

4. 监测设计的指导性

设计要根据边(滑)坡工程的固有特点和要求进行。如滑坡上的倾斜仪钻孔要求穿过预测滑动面以下的岩土层,但边坡的钻孔一般要求穿过下一个台阶;否则,钻孔会离边坡面很远,起不到应有的监测作用。水常常是诱发边(滑)坡失稳的因素,越是下雨,越要及时监测,但在降雨区或能见度低的大气下,经纬仪较难施测,所以边(滑)坡监测还要同时采用其他不受这些条件影响的监测手段。

7.2 边坡工程的变形监测

7.2.1 边坡工程的控制

《建筑地基基础设计规范》GB 50007—2011 给出了建筑物的地基变形允许值，但正常使用状态下支护结构的变形允许值尚无统一的国家标准。支护结构变形允许值是一个影响因素相当多的复杂问题，大部分地区尚无地方标准，仅个别地区有地方标准，如上海市制定的《软土市政地下工程施工技术手册》对其变形指标进行了明确规定，其变形控制标准如表 7-2 所示。工程实践中可通过将实测值与变形控制标准值进行比较，判断基坑的安全性。

变形控制标准　　　　　　　　　　　　　表 7-2

测量项目	安全或危险判别	变形控制标准	判别法		
			危险	注意	安全
墙体变形	墙体变形与开挖深度之比	F_1 = 实测（或预测）/ 开挖深度	$F_1>1.2\%$	$0.4\% \leq F_1 \leq 1.2\%$	$F_1<0.4\%$
			$F_1>1.2\%$	$0.2\% \leq F_1 \leq 0.7\%$	$F_1<0.2\%$
基坑隆起	隆起量与开挖深度之比	F_2 = 实测（或预测）/ 开挖深度	$F_2>1.2\%$	$0.4\% \leq F_2 \leq 1.0\%$	$F_2<0.4\%$
			$F_2>1.2\%$	$0.2\% \leq F_2 \leq 0.5\%$	$F_2<0.2\%$
			$F_2>1.2\%$	$0.04\% \leq F_2 \leq 0.2\%$	$F_2<0.04\%$
地表沉降	沉降量与开挖深度之比	F_3 = 实测（或预测）/ 开挖深度	$F_3>1.2\%$	$0.4\% \leq F_3 \leq 1.2\%$	$F_3<0.4\%$
			$F_3>1.2\%$	$0.2\% \leq F_3 \leq 0.7\%$	$F_3<0.2\%$
			$F_3>1.2\%$	$0.04\% \leq F_3 \leq 0.2\%$	$F_3<0.04\%$

注：表 7-2 中墙体变位有两种判别标准，上行适用于基坑近旁无建筑物或地下管网；下行适用于基坑近旁有建筑物或地下管网。基坑隆起和地表沉降（F_2 和 F_3）有三种判别标准，上、中行的适用情况与墙体变位（F_1）的相同，而下行适用于对变形有特别严格要求的情况，一般对于中、下行都需进行地基加固。

建筑物的地基变形容许值在国家规范中有明确，但确定正常使用极限状态下支护结构的容许变形值相当复杂。如悬臂护坡桩的侧向位移 Δ 及由此产生的周围地面下沉，可使在建工程或相邻建筑物的正常使用功能受到破坏；若侧向位移 Δ 和沉降 S 过大，则相邻建筑物会下沉、倾斜、开裂、门窗变形及周围地下管网设施受损造成断电、断气、断水等。鉴于我国目前尚未制定统一的限制侧向位移的标准 [Δ] 和限制沉降的标准 [S]，因此评价正常使用极限状态下的变形标准就很难统一。只能视工程建筑物环境和地质条件而定，并根据相邻建筑物的调查（建筑层数、建筑结构、地基持力层的岩土结构、地基承载力、基础的形式、基础的埋置深度等）结果，总结已有工程的经验教训和工程监测资料，参考有关文献等来确定容许变形值。

统计资料结果表明，相对沉降量为 0.2% ~ 0.3%（相对沉降量 0.002 ~ 0.003，即 0.2% ~ 0.3%），与表 7-2 中的地表沉降一栏下行的判别数据相近。

7.2.2 边坡工程的变形控制措施

任何支护结构设计方法和理论都是基于特定的边坡类型、工程条件下提出的。因此，基于某一支护理论进行支护结构的可靠性及准确性分析，在很大程度上取决于对边坡岩土体、相邻建筑物认识的可靠程度以及对支护结构设计理论的理解和使用能力。换言之，这里涉及两个方面的问题，其一，对于边坡岩土体、相邻建筑物的认识与研究程度；其二，设计人员如何使用这些资料和信息。从边坡工程勘察、设计、施工和检测工作经验和教训的角度，提出以下几种控制边坡变形的认识和措施。

详细、准确的边坡勘察资料是控制边坡变形的基础。边坡勘察中，除应查明基本的水文地质条件、工程地质条件外，尚应全面收集相邻建筑物的荷载、结构、基础形式及埋深，地下设施的分布、管线材料、接头情况及埋深等，经分析确定其容许变形值。

按照重庆市地方标准《工程地质勘察规范》DBJ 50/T—043—2016，岩质边坡分为Ⅰ类、Ⅱ类、Ⅲ类（ⅢA类和ⅢB类）、Ⅳ类（ⅣA类和ⅣB类）；硬质岩、软质岩的强风化层及软弱岩边坡宜划为ⅣB类。在《建筑边坡工程技术规范》GB 50330—2013 中，明确给出了不同边坡高度、不同边坡类别采用不同的支护结构形式。因此，准确判定边坡类型为采用合适的支护结构形式提供了可靠的依据。

施加预应力是控制边坡变形的首要措施。在边坡支护中，非预应力锚固结构属于被动支护方式，当锚固结构的变形达到一定值时才提供支护抗力，只有当锚固结构有较大的变形时，这种锚固结构中的支护抗力才能充分发挥，而预应力锚固结构则恰好可以直接提供这样的抗力，起到"及时顶住"的效果。在锚固工程施加预应力以后的过程中，锚索（杆）能充分发挥其具有较大的支护抗力的优势，能够防止边坡产生过量的有害变形乃至边坡失稳，确保边坡的稳定和安全。模拟试验和计算分析表明，预应力锚固结构的竖向变形可减少27%，而水平变形可减少50%~90%，这些减少量随预应力的增大而逐渐减少。故采用施加预应力的锚固结构就比不采用预应力的锚固结构在控制边坡变形方面具有更加明显的效果。这就是实际工程中对变形要求高或变形敏感的边坡常常采用预应力锚索（杆）的原因。

中国银行总行大厦基坑开挖深度21.5~24.5m。穿越的地层为人工堆积层，粉质黏土，细、中砂和砂卵石层。由3~4排预应力锚杆背拉厚800mm的地下连续墙作支挡结构。共采用设计承载力为800kN的锚杆1300余根，成功地维护了基坑的稳定。基坑周边最大的位移量仅为30mm，其变形量仅为30/21500 = 0.139%。

预应力锚固结构的预应力容易出现损失。减少应力损失的工程措施主要有：增加造孔精度，减少孔斜误差。首先，选择机型小，轻便、灵活的机具，便于在支护边坡的施工架子上移动。其次，应牢牢固定钻机机架，不允许钻机来回摆动，以减少孔斜误差。

选择合适的锚具。锁定螺母、连接套及锚杆应为通过质量认证的产品，具有材质检测报告，严禁使用不合格产品。

改进张拉方式，逐级缓慢加荷，消除锚具变形引起的预应力损失，减少摩阻应力。目前，预应力损失值尚不能准确测试，那么预应力锚固结构的安全性系数就不能准确计算，其安全性就难以评估与判定。

逆作法施工是控制边坡变形的首要措施：在锚杆挡墙的支护结构中，

采用逆作法、跳槽施工取得了良好的效果。逆作法就是采用自上而下的，分阶开挖与支护的一种施工方法。分阶的高度和跳槽的长度主要根据边坡的工程地质条件、边坡滑塌区范围建筑物的侧向位移容许值和沉降值确定，边坡滑塌区范围可按式（7-1）估计。

$$L = H / \tan\theta \tag{7-1}$$

式中　　L——边坡坡顶塌滑区边缘至坡底边缘的水平投影距离（m）；

H——边坡的高度（m）；

θ——边坡的破裂角（°）。对直立土质边坡可取 $45° + \phi/2$，其中 ϕ 为土体的内摩擦角；对斜面土质边坡，可取 $(\beta + \phi)/2$，β 为坡面与水平面的夹角，ϕ 为土体的内摩擦角。

分阶开挖与支护的目的，就是使卸荷作用的应力调整缓慢发生；边坡应随开挖随锚固，使无支承条件下的边坡所暴露的时间尽可能短，所暴露的面积尽可能小。

跳槽施工的目的，就是利用岩土体的自身潜力来限制边坡变形。锚杆成孔采取"跳钻"，即在水平方向上每隔 2~3 个锚杆孔位钻孔，并随即完成插筋、注浆作业，使扰动范围降到最低程度。

动态设计法和信息化施工法是控制边坡变形的重要措施。动态设计法就是根据信息化施工法及施工勘察反馈的资料，确认原设计条件有较大变化时，及时补充、修改原设计的设计方法。信息化施工法就是根据施工现场的地质情况和监测数据，对地质结论、设计参数进行再验证，对施工安全性进行判断和及时修正施工方案的施工方法。动态设计法和信息化施工法可以达到以下目的：

避免勘察结论失误。山区地质情况复杂、多变，受多种因素制约，地质勘察资料准确性的保证率较低，勘察主要结论失误而造成边坡工程失败的现象不乏其例。因此，在边坡施工中补充"施工勘察"，收集地质资料，查对核实原地质勘察结论，可有效避免因勘察结论失误而造成的工程事故。设计人员根据施工开挖反馈的更翔实的地质资料、边坡变形量、应力监测值等，对原设计作校核和补充、完善设计,确保工程安全、设计合理。边坡变形和应力监测资料是加快施工速度或排危应急抢险,确保工程安全施工的重要依据。

设置冠梁对控制边坡变形具有良好的效果,冠梁(设置在支护结构顶部的钢筋混凝土连梁)具有较大的截面尺寸,水平抗弯刚度不可忽视,所以合理设计冠梁可以减少挡墙的内力与水平位移。

此外,尚有其他措施:

(1)适当加大支护结构尺寸和加密锚杆,以提高支护结构的刚度。
(2)对被动区土体进行加固处理是控制边坡变形的有效措施之一。
(3)严格控制施工质量是控制边坡变形的关键措施。
(4)缩短开挖与支护的时间。

7.2.3 建筑边坡变形监测依据

1.《建筑地基基础设计规范》GB 50007—2011

在《建筑地基基础设计规范》GB 50007—2011 第 10 章检验与监测中,关于边坡工程监测的有关要求有如下规定:

1)预应力锚杆施工完成后应对锁定的预应力进行监测,监测锚杆数量不得少于总数的 5%,且不得少于 6 根。

2)边坡工程施工过程中,应严格记录气象条件、挖方、填方、堆载等情况。尚应对边坡的水平位移和竖向位移进行监测,直到变形稳定为止,且不得少于 2 年。爆破施工时,应监控爆破对周边环境的影响。

3)下列建筑物在施工期间及使用期间进行沉降变形观测:

(1)地基基础设计等级为甲级的建筑物;
(2)软弱地基上的地基基础设计等级为乙级的建筑物;
(3)处理地基上的建筑物;
(4)加层、扩建建筑物;
(5)受邻近深基坑开挖施工影响或受场地地下水等环境因素变化影响的建筑物;

（6）采用新型基础或新型结构的建筑物。

2.《建筑边坡工程技术规范》GB 50330—2013

《建筑边坡工程技术规范》GB 50330—2013 中对建筑边坡工程监测修订要点说明，建筑边坡工程监测工作的上述要求在《建筑边坡工程技术规范》GB 50330—2002 修编中进行了局部调整。修改后的《建筑边坡工程技术规范》GB 50330—2013，主要提出了建筑边坡工程监测的报警值，对监测报警的具体要求为第 19.1.7 条。该条具体条款为，边坡工程施工过程中及监测期间遇到下列情况时应及时报警，并采取相应的应急措施。

（1）有软弱外倾结构面的岩土边坡支护结构坡顶有水平位移迹象或支护结构受力裂缝有发展；无外倾结构面的岩质边坡或支护结构构件的最大裂缝宽度达到国家现行相关标准的允许值；土质边坡支护结构坡顶的最大水平位移已大于边坡开挖深度的 1/500 或 20mm，以及其水平位移速度已连续三日大于 2mm/d。

（2）土质边坡坡顶邻近建筑物的累积沉降、不均匀沉降或整体倾斜已大于《建筑地基基础设计规范》GB 50007—2011 规定允许值的 80%，或建筑物的整体倾斜度变化速度已连续三日每天大于 0.00008。

（3）坡顶邻近建筑物出现新裂缝、原有裂缝有新发展。

（4）支护结构中有重要构件出现应力骤增、压屈、断裂、松弛或破坏的迹象。

（5）边坡底部及周围岩土体已出现可能导致边坡剪切破坏的迹象或其他可能影响安全的征兆。

（6）根据当地工程经验判断已出现其他必须报警的情况。

在修订的《建筑边坡工程技术规范》GB 50330—2013 中对建筑边坡工程监测作过多具体规定的原因是根据《工程建设国家标准管理办法》（中华人民共和国建设部第 24 号令）的规定，国家相关规范应协调、避免冲突。因《建筑边坡工程鉴定与加固技术规范》GB 50843—2013 的制定和发行在《建筑边坡工程技术规范》GB 50330—2013 发行之前，因此，对建筑边坡工程监测的具体要求在《建筑边坡工程鉴定与加固技术规范》GB 50843—2013 中已明确的有关规定，在《建筑边坡工程技术规范》GB 50330—2013 中不得重复规定。因此，新建建筑边坡工程与加固建筑边坡工程中的监测要求均应符合《建筑边坡工程鉴定与加固技术规范》GB 50843—2013 中第 9 章监测的规定，此点往往被一般设计人员所忽略，从而致使在新建建筑边坡工程中设计文件未能完整表达新建建筑边坡工程监测的具体要求，导致新建建筑边坡工程监测工作的缺失。

3.《建筑边坡工程鉴定与加固技术规范》GB 50843—2013

《建筑边坡工程鉴定与加固技术规范》GB 50843—2013 对建筑边坡工程监测作了宏观的规定，在新建建筑边坡工程及建筑边坡加固工程施工中若发现或预计建筑边坡产生的变形对坡顶建筑物安全有危害时，应引起高度重视，及时对其可能威胁的保护对象采取保护措施，对加固措施的有效性进行监控，预防灾害的发生及避免产生不良社会影响。因此，《建筑边坡工程技术规范》GB 50330—2013 中第 19.1.1 条和《建筑边坡工程鉴定与加固技术规范》GB 50843—2013 中第 9.1.1 条作为强制性条文应严格执行。

由于边坡工程及支护结构变形值的大小与边坡高度、地质条件、水文条件、支护类型、加固施工方案、坡顶荷载等多种因素有关，变形计算复杂且不成熟，国家现行有关标准均未提出较成熟的计算理论。目前，较准确地提出新建建筑边坡及加固边坡工程变形预警值也是困难的，特别是对岩体或岩土体边坡工程变形控制标准更难提出统一的判定标准，工程实践中只能根据地区经验，采取工程类比的方法确定。为此，《建筑边坡工程技术规范》GB 50330—2013 中规定对于新建建筑边坡工程应由设计提出监测项目和要求，由业主委托有资质的监测单位编制监测方案，监测方案应包括监测项目、监测目的、监测方法、测点布置、监测项目报警值和信息反馈制度等内容，经设计、监理和业主等共同认可后实施。《建筑边坡工程鉴定与加固技术规范》GB 50843—2013 中规定建筑边坡加固工程应提出具体监测内容和要求。监测单位编制监测方案，经设计、监理和业主等单位共同认可后实施。

当出现下列情况的边坡加固工程时，应按一级边坡工程进行变形监测：①超过本规范适用高度的边坡工程；②边坡工程塌滑影响区内有重要建筑物、稳定性较差的边坡加固工程；③地质和环境条件很复杂、对边坡加固施工扰动较敏感的边坡加固工程；④已发生严重事故的边坡工程；⑤采用新结构、新技术的边坡加固工程；⑥其他可能产生严重后果的边坡加固工程。对边坡加固工程施工难度大、施工过程中易引发事故或灾害的边坡加固工程的变形监测方案应进行专门论证，预防边坡加固过程中产生新的灾害。

《建筑边坡工程鉴定与加固技术规范》GB 50843—2013 对监测的具体规定如下：

监测工作实施前应编制监测方案。监测方案应包括监测目的、监测项目、方法及精度要求，测点布置，监测项目报警值、信息反馈制度和现场原始状态资料记录等内容。监测点的布置应满足监控要求，在条件允许时边坡塌滑区影响范围内的全体被保护对象均宜作为监测对象。边坡加固工程可按表7-3选择监测项目。

边坡加固工程监测项目表　　　　表7-3

测试项目	测点布置位置	边坡工程安全等级		
		一级	二级	三级
坡顶水平位移和垂直位移	支护结构顶部或预估结构变形最大处	应测	应测	应测
地表裂缝	坡顶背后 1.0H（岩质）~ 1.5H（土质）范围内	应测	应测	选测
坡顶建筑物、地下管线变形	建筑物基础、墙面，管线顶面	应测	应测	选测
锚杆拉力	外锚头或锚杆主筋	应测	应测	可不测
支护结构变形	主要受力杆件	应测	选测	可不测
支护结构应力	应力最大处	宜测	宜测	可不测
地下水、渗水与降雨关系	出水点	应测	选测	可不测

注：H 为挡墙高度（m）。

对于变形监测点的设置方式和保护方法应符合《工程测量标准》GB 50026—2020 和《建筑基坑工程监测技术标准》GB 50497—2019 的有关规定。

对于与加固边坡工程（含新建建筑边坡工程）相邻的独立建筑物（即单位工程）的变形监测应符合下列规定：①设置 4 个以上的观测点，监测建筑物的沉降与水平位移变化情况。②设置不应少于 2 个观测断面的监测系统，监测建筑物整体倾斜变化情况；通常情况下，应设置 3 个观测断面的监测系统，监测建筑物的整体倾斜变化，其中 2 个观测断面与边坡工程走向垂直，1 个断面与边坡工程走向平行。③建筑物已出现裂缝时，应根据裂缝分布情况，选择适当数量的控制性裂缝，对其长度、宽度、深度和发展方向的变化情况进行监测。在裂缝数量不少于 2 条的情况下，应至少设置 2 条裂缝作为监测对象，并采用合适的仪器和设备对其长度、宽度、深度和发展方向的变化情况进行监测。

边坡坡顶背后塌滑区范围内的地面变形观测宜符合下列规定：①当地面裂缝数量不少于 2 条时，应选择 2 条以上的典型地裂缝观测裂缝长度、宽度、深度和发展方向的变化情况；②选择 2 条以上测线，每条测线不应少于 3 个控制测点，监测地表面位移变化规律，通常情况下应选择 3 条测线，每条测线不应少于 3 个控制测点，共计 9 个测点的监测系统，监测边坡坡顶变形的非线性规律，即使是工程行为诱发的滑坡也可用 9 个测点监测滑坡的主滑方向。

对于建筑边坡工程临空面、支护结构体的变形监测应符合下列规定：

（1）监测总断面数量不宜少于 3 个，且在边坡长度 20m 范围内至少应有 1 个监测断面；

（2）每个监测断面测点数不宜少于 3 点；

（3）坡顶水平位移监测总点数不应少于 3 点；

（4）预估边坡变形最大的部位应有变形监测点。

上述规定表明，为正确表达或定量描述建筑边坡工程临空面、支护结构体的变形规律，单位工程（含子单位工程）的建筑边坡工程临空面、支护结构体的变形监测点应不少于9点，不仅应在坡顶设置监测点，在坡面、坡底或坡底附近也应设置监测点。工程实践中，由于各种因素影响，监测单位往往只在坡顶设置了监测点，而在临空面、支护结构体的其他部位未设置监测点，造成监测数据不能真正为控制建筑边坡工程变形与安全服务。

锚杆（索）的应力监测应符合下列规定：

（1）根据边坡加固施工进程的安排，应对鉴定时已进行过拉拔试验的原锚杆和新选择的有代表性的锚杆，测定锚杆应力和预应力变化，及时反映后续锚杆施工对已有锚杆应力和预应力变化的影响；

（2）非预应力锚杆的应力监测根数不宜少于锚杆总数的3%，预应力锚杆应力监测数量不宜少于锚杆总数的5%，且不应少于3根；

（3）当加固锚杆对原有支护结构构件的工作状态有影响时，宜对原有支护结构构件应力变化情况进行监测，若需进行锚杆（索）的应力监测，此规定明确了锚杆（索）监测根数的具体数量，单根及整体锚杆（索）体系监测测点数量应符合相应规定。

支护结构构件应力监测宜符合下列规定：

（1）对同类型支护结构构件，相同受力状态，应力监测点数不应少于2点；

（2）对支护结构构件的应力监测，应在边坡工程的不同高度处布置应力监测点，测点总数量不应少于3点；

（3）宜采用两种或两种以上不同的应力监测方法，监测支护结构构件的应力状态。该规定说明：当采用两种监测方法监测支护结构构件的应力时，测点数量不少于9点，构件数不少于9个，对锚杆（索）的应力监测，测点总数量不少于18点，测点具体布置位置应由设计单位最终确定。

当设置水文观测孔，监测地下水、渗水和降雨对边坡加固工程的影响时，观测孔的设置数量和位置应符合《岩土工程勘察规范（2009年版）》GB 50021—2001的规定。

当需要监测建筑边坡工程坡体深层位移时，《建筑边坡工程鉴定与加固技术规范》GB 50843—2013 未作明确规定，此时可参考《建筑基坑工程监测技术标准》GB 50497—2019 的规定设置监测点及测点数量。

上述监测规定与理解给出了建筑边坡工程监测观测点布置应执行的国家现行有关标准、相应监测项目、监测要求的最低标准，其目的是避免建筑边坡工程及边坡加固工程监测工作实际操作中缺乏统一的监测规定，随意布置变形观测点或增加无效观测点的现象，在满足解决实际工程需求的前提下，减少社会资源和财富的浪费。

《建筑边坡工程鉴定与加固技术规范》GB 50843—2013 对建筑边坡加固工程预警作了宏观规定，建筑边坡加固工程施工遇到下列情况时应及时报警，并采取相应的应急措施：

（1）有软弱外倾结构面的岩土边坡支护结构坡顶有水平位移迹象或支护结构受力裂缝有发展；无外倾结构面的岩质边坡支护结构坡顶累积水平位移大于 5mm 或支护结构构件的最大裂缝宽度超过国家现行相关标准的允许值；土质边坡支护结构坡顶的累积最大水平位移已大于边坡开挖深度的 1/500 或 20mm，或其水平位移速率已连续三日每天大于 2mm。

（2）土质边坡坡顶邻近建筑物的累积沉降或不均匀沉降已大于《建筑地基基础设计规范》GB 50007—2011 规定允许值的 80%，或建筑物的整体倾斜度变化速度已连续三日每天大于 0.00008。

（3）坡顶邻近建筑物出现新裂缝、原有裂缝有新发展。

（4）支护结构中有重要构件出现应力骤增、压屈、断裂、松弛或拔出的迹象。

（5）边坡底部或周围土体已出现可能导致边坡剪切破坏的迹象或其他可能影响安全的征兆。

（6）根据当地工程经验判断认为已出现其他必须报警的情况。

需要注意上述规定中（1）第二段"无外倾结构面的岩质边坡支护结构坡顶累积水平位移大于 5mm"，此规定在《建筑边坡工程技术规范》GB 50330—2013 中无明确技术指标。此外，应注意的是"累积水平位移"，由于建设单位往往是"事后"委托建筑边坡工程监测,"累积水平位移"则无法获知,在特殊情况下,后续报警工作非常困难,《建筑边坡工程鉴定与加固技术规范》GB 50843—2013 目前也无法给出具体规定和要求。由此可见,建筑边坡加固工程监测预警的控制是一项非常困难的工作,关系到社会资源、人力、物力的调配,预警不及时或不准确,其产生的后果及社会影响都是严重的。在预警实践中,监测单位应根据边坡加固工程的自然环境条件、危害后果的严重程度、地区边坡工程经验(如发现少量流砂、涌土、隆起、陷落等现象时的处理经验)及同类边坡工程的类比,慎重、科学地作出预警预报。

《建筑边坡工程鉴定与加固技术规范》GB 50843—2013 对监测频率也作了相关规定,边坡加固施工初期,监测宜每天一次,且根据监测结果调整监测时间及频率。上述规定在具体应用中具有较大的灵活性,对委托单位而言,希望监测的次数和频率越少越好,那样可以少付监测费用;对监测单位而言,在满足监测目的的前提下,增加监测频率和次数,费用必须增加,因此,监测频率和次数多是合适的。一般而言,监测数据没有 5 次以上,认为监测数据稳定的判断是不合适的。某新建建筑基坑边坡委托方为节约监测费用,合同规定监测单位初期监测频率为每周一次,后期每 15d 一次,监测单位第一次进场布点时,基坑边坡已有明显变形,按合同约定,第二次监测为一个星期后,在第二次监测还未进行时,基坑边坡上方的百年条石堡坎就发生了垮塌事故,监测的意义何在?考虑到各方利益及实际工程的现实状况,对新建建筑边坡工程和加固边坡工程,监测频率和次数的安排宜符合如下要求:施工初期,监测次数每天不应少于 1 次,初期时间不宜少于 15d,当遇到极端情况(如大雨等)时,监测次数每天不应少于 2 次;当边坡工程及受保护的建(构)筑物(含各类管线)的变形稳定(变形监测数据在正常测量误差范围内波动)无持续增加的迹象时,根据施工进度安排,监测次数可调整到每 2~3d 不少于 1 次,巡视检查依然按原监测方案的规定执行,发现异常监测频次重新按每天不少于 1 次执行;当边坡工程及受保护的建(构)筑物(含各类管线)的变形稳定,且无持续增加的迹象时,监测频次可调整到每周不少于1次，巡视检查可2~3d一次；根据施工进度安排，边坡工程施工进入安全阶段，且监测数据稳定，监测频次可调整到每15d不少于1次，巡视检查每周1次，直至施工完工；建筑边坡工程施工完成后的监测，可根据具体监测数据、工程实际状况及设计要求安排监测频次，但监测初期监测频次不宜低于每月监测1次的要求。

根据《建筑边坡工程鉴定与加固技术规范》GB 50843—2013对监测数据处理和监测报告的规定，边坡加固工程的监测资料应分类，且应按国家标准《工程测量标准》GB 50026—2020和行业标准《建筑变形测量规范》JGJ 8—2016的相关规定进行监测数据的整理、统计及分析，其方法及精度应符合国家现行有关标准的规定。

监测数据应反映监测参数与监测时间的关系，监测数据应编制成监测参数与时间关系的数据表，在变形监测参数与时间的关系曲线中，应特别注意，监测曲线应正确反映建筑边坡工程水平位移和时间的关系，而非大地坐标系下的X方向或Y方向的位移与时间的关系。

在监测报告中结论应准确、用词规范、文字简练，对于容易混淆的术语和概念应书面予以解释。

从对已有边坡工程监测报告的调查发现，监测报告形式繁多，表达内容、方式各不相同，且各监测单位对监测报告编写要求的具体规定也有所差异。因此，规范规定监测报告应包括下列内容：①建筑边坡工程或边坡加固工程的概况，包括工程名称、支护结构类型、规模、施工日期及新建或加固边坡与周边建筑物平面图等；②设计单位、施工单位及监理单位名称；③监测原因、内容和目的，以往相关技术资料；④监测依据（含经审批的监测方案）；⑤监测仪器的型号、规格和标定资料；⑥监测各阶段的原始资料（含原始记录的签字认可）；⑦数据处理的依据及数据整理结果，监测参数与监测时间曲线图；⑧监测结果分析（重点为趋势分析和稳定性判别）；⑨监测结论及建议；⑩监测日期，报告完成日期；⑪监测人员、审核和批准人员签字。

7.2.4 滑坡监测

1. 滑坡监测目的

为监测和掌握目前、施工期及后期运行过程中滑坡稳定的变化趋势，检验治理工程的效果，及时发现异常现象并进行分析处理，确保滑坡体上居民的生命财产安全，均有必要布置适量的监测设施。

2. 滑坡监测设计原则与依据

（1）以滑体表面位移和抗滑桩位移监测为主，辅以其他相应的校验监测；

（2）针对滑坡防治工程的需要，根据施工期和运行期的不同特点，对监测进行统一规划；

（3）监测设备选取要满足实用性、稳定性、精确性、耐久性等要求；

（4）监测范围：包括整个滑坡区，重点放在滑坡后缘、抗滑工程施工处、地形突变处等；

（5）对所测资料应及时整理、处理和解释，以便及时发现和处理工程中存在的不安全因素。

3. 滑坡监测项目

（1）位移监测，主要有大地形变、裂缝、巡视检查和深部位移；

（2）倾斜监测，主要有表面倾斜和深部倾斜；

（3）应力应变监测；

（4）水的动态监测，主要有地下河水位、地下水位、孔隙水压力、水量、水温；

（5）环境因素监测，主要有降雨量、气温和人类工程活动。

4. 滑坡监测要求

1）监测点的设置

（1）监测点应按防治工程的措施、地质条件、结构特点和观测项目确定，并选择有代表性的部位布置；

（2）在开工初期，应进行仪器埋设观察，以便获得连续、完整的记录。

2）监测剖面的设置

监测剖面应控制主要变形方向，原则上应与防治工程垂直和平行。每个地质灾害体上的监测纵剖面数量，对安全等级为一级的防治工程，监测纵剖面不宜少于3条；二级防治工程，不宜少于2条；单个灾害体上的纵、横剖面不应少于1条，并尽量与地质剖面一致。

3）地表变形监测点的设置

对地表变形剧烈地段的防治工程部位应重点控制，适当增加监测点和监测手段，监测手段视防治对象的多少确定，每条剖面上的监测点不应少于3个。

4）监测要求

（1）变形观测应以绝对位移监测为主。在剖面所经过的裂缝、支挡工程结构以及其他防治工程结构上，宜布置相对位移监测点及其他监测点。监测剖面两端要进入稳定岩（土）体并设置永久性水泥标桩作为该剖面的基准点和照准点。

（2）应尽量利用钻孔或平洞、竖井进行灾害体深部变形监测，并测定监测剖面上不同点的位移变化量、方向和速率。

（3）施工安全监测点应布置在滑坡体稳定性差的部位，宜形成完整剖面，采用多种手段互相验证和补充。

（4）仅用于地表排水的工程，应对各沟段排水流量进行监测。观测点应在修建排水沟渠时建立，主要布置在各段沟渠交接点上游10m处。

7.2.5 基坑现场监测

在深基坑开挖施工过程中，基坑内外的土体将由原来的静止土压力状态向被动和主动土压力状态转变，应力状态的改变引起土体的变形，即使采取了支护措施，一定数量的变形总是难以避免的。因此，在深基坑施工过程中，只有对基坑支护结构、基坑周围的土体和相邻构筑物进行综合、系统的监测,才能对工程情况有全面的了解,确保工程顺利进行。

1. 基坑监测目的

对深基坑施工过程进行综合监测的目的主要有:

根据监测结果,发现安全隐患,防止工程和环境破坏事故的发生。

利用监测结果指导现场施工,进行信息化反馈优化设计,使设计达到优质安全、经济合理、施工简捷。

将监测结果与理论预测值进行对比,用反分析法求得更准确的设计计算参数,修正理论公式,以指导下一阶段的施工或其他工程的设计和施工。

2. 基坑监测项目

基坑监测项目按照《建筑基坑工程监测技术标准》GB 50497—2019 第 4.2.1 条、第 4.2.2 条的规定执行(表 7-4)。

基坑监测项目表　　　　表 7-4

监测项目	基坑侧壁安全等级		
	一级	二级	三级
支护结构水平位移	应测	应测	应测
周边建筑物、地下管线变形	应测	应测	宜测
地下水位	应测	应测	宜测
桩、墙的内力	应测	宜测	可测
锚杆拉力	应测	应测	可测
支撑轴力	应测	应测	可测
立柱变形	应测	应测	可测
土体分层竖向位移	应测	应测	可测
支护结构界面上侧向压力	宜测	可测	可测

3. 基坑监测技术要求

基坑现场监测应满足下列技术要求:

观察工作必须是有计划的,应严格按照有关的技术文件(如监测任务书)执行。这类技术文件内容,至少应该包括监测方法和使用方法。

仪器、监测精度、测点的布置、观测周期等。计划性是观测数据完整性的保证。

监测数据必须是可靠的。数据的可靠性由监测仪器的精度、可靠性以及观测人员的素质来保证。

观测必须是及时的。因为基坑开挖和支护是一个动态的施工过程，只有保证及时观测才能有利于发现隐患，及时采取措施。

对于观测的项目，应按照工程具体情况预先设定预警值，预警值应包括变形值、内力值及其变化速率。当观测发现超过预警值的异常情况时，要立即考虑采取应急补救措施。

每个工程的基坑支护监测，应该有完整的观测记录，形象的图表、曲线和观测报告。

对于土质基坑（临时性基坑）的监测应按国家标准《建筑基坑工程监测技术标准》GB 50497—2019 的规定执行。

7.3 边坡监测常用仪器设备

7.3.1 应力计和应变计原理

应力计和应变计是工程实践中最为常见的测试元件，其主要区别在于测试敏感元件与被测物体相对刚度之间的差别。这里用弹簧原理来说明此问题，将被测物体看成一个弹簧，其刚度定义为 K_1，在外荷载 P 的作用下，被测物体的变形和荷载存在如下关系：

$$P = K_1 \times U_1 \tag{7-2}$$

式中　U_1——被测物体的竖向位移（m）。

在被测物体间并联一个测试元件，其刚度为 K_2，在外荷载 P 的作用下，系统的竖向位移为 U_2，系统的变形和荷载关系为：

$$P = (K_2 + K_1) \times U_2 \qquad (7-3)$$

将式（7-2）代入式（7-3）中，有如下结果：

$$U_1 = (K_1 + K_2) \times U_2/K_1 = (1 + K_2/K_1) \times U_2 \qquad (7-4)$$

若 $K_2 \ll K_1$，则：

$$U_1 \approx U_2 \qquad (7-5)$$

$$P_2 = K_2 \times U_2 \qquad (7-6)$$

将式（7-3）代入式（7-6）中，有如下关系：

$$P_2 = K_2 \times P/(K_1 + K_2) = P/(1 + K_1/K_2) \qquad (7-7)$$

若 $K_1 \ll K_2$，则：

$$P_2 \approx P \qquad (7-8)$$

由式（7-5）可知：当测试元件刚度远小于被测体刚度时，测试元件可测出系统的变形，此时，测试元件作应变计使用。

由式（7-8）可知：当测试元件刚度远大于被测体刚度时，测试元件可测出系统的荷载，此时，测试元件作应力计使用。

应变计还可使用电位计测量位移。如同电动汽车模型中的变阻式控制一样，应变计采用可变电阻机件来测量移动量。滑动臂在固定电阻条上形成电触点，整个电路的总电阻决定于滑动臂在固定电阻条上的位置。当应变计被加上一个稳定的直流电电流后，地面移动塌陷使滑动臂在固定电阻条上形成位移，由此引起输出电压的相应变化。仪器的配线及敏感单元还可以被埋藏在地下，防止外力破坏。

7.3.2 常用的几种传感器

在不同条件下，测试元件可测出系统的应力或应变，因此，测试元件被称为传感器。不论哪一类传感器均是通过不同量的转换测出相应的力学量，因此，目前常用传感器有以下几类：

（1）机械式传感器，如机械式百分表、千分表等；

（2）电量式传感器，如电阻式传感器、电位式传感器、热敏式传感器、压电式传感器等，常用的产品有纸基式应变片、金属基应变片、位移传感器等；

（3）钢弦式传感器，利用钢弦内力变化转化为钢弦振动频率的变化，测量应变或应力。部分国产钢弦式传感器见表7-5。

国产钢弦式传感器　　　　　　　　　　　　表7-5

种类	钢筋应力计	土压力盒	孔隙水压力	混凝土应变计	渗水压力计
型号	GJJ10	TYJ20	TYJ25	EBJ50	TYJ36
量程	$\phi 10 \sim \phi 40$mm	$0.2 \sim 0.6$MPa	$0.2 \sim 1.6$MPa	$(-6 \times 10^3 \sim 12 \times 10^3)\mu\varepsilon$	$0.2 \sim 1.4$MPa

注：MPa——压力单位；$\mu\varepsilon$——微应变单位。

7.3.3　边坡位移测量常用设备

建筑边坡变形监测主要是测量建筑边坡坡顶、中下部及周边建筑物基础的变形，同时也需监测房屋整体的倾斜量，建筑边坡变形主要测量其水平位移和竖向位移。根据施工现场条件、周边环境、设计要求、测量精度要求和现有测量仪器情况，常采用水准仪测量建筑边坡、建筑物基础的竖向位移，用全站仪测量建筑边坡水平、竖向位移及建筑物整体倾斜。

7.4　常用的监测方法

国内外滑坡监测主要采用宏观地质观测法、简易观测法、设站观测法、仪表观测法及自动遥测法五种类型的监测方法。

但是对一个具体的滑坡而言，如何针对其特征，如地形地貌、变形机理及地质环境等，选择合适的监测技术、方法，确定理想的监测方案，正确布置监测点，则是一个值得不断探索的课题。应通过各种方案的比较，使监测工作做到既经济安全又实用可靠，避免单方面追求高精度、自动化、多参数而脱离工程实际的监测方案。在选择监测技术方法时，尽量做到宁可少而精，勿要大而全，以适合我国的国情。

由于滑坡体类型较多，其特征各异，变形机理和所处的变形阶段不同，监测的技术方法也不尽相同。故对现有各种监测方法的应用范围、功能及适用条件进行分析很有必要（表7-6）。

各种监测方法及适用性分析表　　　　　　　　　　表7-6

序号	方法	主要监测内容	基本特点	适用条件
1	宏观地质观测法	地表周界裂缝发生、扩展，地面膨胀、沉降坍塌及建筑物变形与地下水、动物异常等	监测内容丰富而广泛，获取的前兆信息直观可靠，监测方法简易经济、实用性强	适用于各种滑坡监测，便于普及推广应用，群测群防
2	简易观测法	滑坡地表周界裂缝及建（构）筑物变形特征	操作简单、直观性强、观测数据可靠，可测定裂缝变化速率；监测内容单一，精度相对较低	适用于崩塌或滑坡处于加速变形、临滑状态时裂缝变化监测及交通不便、经济困难的山区普及推广应用，群测群防
3	设站观测法	滑坡体地表三维（X、Y、Z）位移变化	技术成熟、监控面广、精度较高，成果资料可靠，可测定位移方向及变形速率，受地形通视及气象条件的影响	适用于不同类型崩塌或滑坡及发展演变过程中三维位移变化的长期监测
4	仪表观测法	滑坡体地表及深部的位移、倾斜变化及地声、应力应变等物理参数与环境因素	监测内容丰富，精度高，仪器便于携带，机测仪表简易直观；电测仪表使用方便，可定时巡回检测，资料基本可靠；后者仪器长期稳定性差，传感器易受潮锈蚀	精度高的仪器适用于滑坡体初期变形监测；精度相对低的仪器适用于速变及临滑状态时的监测。电测仪表适合于短期或中期监测
5	自动遥测法	基本同上	监测内容丰富，自动化程度高，可全天候连续观测，自动采集、存储观测值，并远距离传输，省时省力。受外界因素干扰，传感器、仪器易出现故障，长期稳定性差，观测资料需其他监测手段校核后使用	适用于滑坡变形体处于速变及临崩临滑状态时的短、中期监测及防治施工安全检测

7.4.1 宏观地质观测法

1. 监测内容与方法

所谓宏观地质观测法，是用常规地质调查方法，对滑坡的宏观变形迹象（如裂缝发生及发展、地沉降、下陷、坍塌膨胀、隆起、建筑物变形等）和与其有关的各种异常现象（如地声、地下水异常、动物异常等）进行定期的观测、记录，以便随时掌握滑坡的变形动态及发展趋势，达到科学预报的目的。

2. 特点及适用范围

该方法具有直观性、动态性、适应性、实用性强的特点，不仅适用于各种类型滑坡体不同变形发展阶段的监测，而且监测内容比较丰富、面广，获取的前兆信息直观可靠。据此结合仪器监测资料综合分析，可初步判定滑坡体所处的变形阶段及中短期滑动趋势，作为临崩、临滑的宏观地质预报判据。

方法简易经济，便于掌握和普及推广应用，适合群测群防。宏观地质观测法可提供滑坡短临预报的可靠信息，即使是采用先进的仪表观测及自动遥测方法监测滑坡体的变形，该方法仍然是不可缺少的。

宏观地质调查的内容受变形阶段的制约。但与变形有关的异常现象（如地声、动物异常等）属于滑坡短临前兆，具有准确的预报功能，应予以足够的重视。

7.4.2 简易观测法

1. 方法原理

在滑坡变形体及建筑物裂缝处设置骑缝式简易观测标志，使用钢尺直接测量裂缝变化与时间关系的一种简易观测方法。在滑坡体裂缝处埋设骑缝式简易观测桩，在建（构）筑物（如房屋、挡土墙、浆砌块石沟等）裂缝上设简易玻璃条、水泥砂浆片、贴纸片，在岩石、陡壁面裂缝处用红油漆画线作观测标记，在陡坎（壁）软弱夹层出露处设简易观测标桩等，定期用各种长度量具测量裂缝长度、宽度、深度变化及裂缝形态、开裂延伸的方向。

2. 特点及适用范围

该方法监测内容比较单一，观测精度相对较低，劳动强度较大，但是操作简易，直观性强，观测数据资料可靠，适合于交通不便、经济困难的山区普及推广应用。

适用于滑坡体处于速变、剧变状态时的动态变化监测，即使在有精密仪器观测的条件下，也可进行一些简易观测，以相互核对。

7.4.3 设站观测法

1. 方法原理

该方法是在滑坡地质调查勘察的基础上，于危岩、滑坡变形区设变形观测点（成线状、网格状等），在变形区影响范围之外稳定地点设置固定观测站，用仪器（经纬仪、水准仪、测距仪、摄影仪及全站型电子速测仪、GPS 接收机、近景摄影、卫星遥感影像等）定期监测变形区内网点的三维（X、Y、Z）位移变化。

2. 特点及适用范围

是一种行之有效的监测方法，即主要泛指大地测量、近景摄影测量及 GPS 测量与全站型电子速测仪设站观测滑坡形成过程中的地表三维位移方法，是一种绝对位移监测方法。

7.4.4 仪表观测法

1. 方法原理

用精密仪器仪表对变形斜坡地表及深部的位移，倾斜（沉降）动态，裂缝相对张、闭、沉、错变化及地声、应力应变等物理参数与环境影响因素进行监测。按所采用的仪表可分为机械式传动仪表观测法（或简称机测法）和电子仪表观测法（或简称电测法）两类。其共性是监测内容丰富、精度高（灵敏度高）、测程可调、仪器便于携带。仪表观测法是一种相对位移监测方法，主要用于对裂缝、滑坡带、采空区顶底板等部位的监测，是滑坡监测的主要内容和重要内容之一。

2. 特点及适用范围

机械式仪器原理简单，结构不复杂，便于操作，投入快；成果资料直观可靠；仪器稳定性好，抗潮防锈，适用于地下潮湿不良环境；机测法适用于各种滑坡监测。

7.4.5 自动遥测法

随着电子技术及计算机技术的发展，各种先进的自动遥控监测系统相继问世，为滑坡的自动化连续遥测创造了有利条件。前述用电子仪表观测的内容基本上能实现连续观测、自动采集、存储、打印和显示观测数据。远距离无线传输是自动遥测法最基本的特点，由于自动化程度高，可全天候连续观测，故省时、省力、安全，是当前和今后一定时期滑坡监测发展的方向。但是目前已有部分遥测警报装置的使用情况，初步反映出自动遥测的突出弱点：传感器质量还不过关，仪器的组装工艺和长期稳定性较差，运行中故障率较高，不能适应野外恶劣的监测环境（如雨、风、地下水侵蚀、锈蚀、雷电干扰、瞬时高压等），遥测数据时有中断，可靠度也难以使人置信，至少在短期内尚难以适用于滑坡的监测。

7.4.6 其他监测法

1. 声发射监测

声发射仪性能比较稳定，灵敏度高，操作简便，能实现有线自动巡回检测。一般来说，岩石破裂产生的声发射信号比观测到的位移信息超前7d至2s，因此，适用于岩质斜坡处于临崩、临滑阶段的短临前兆性监测，对处于蠕动变形阶段和匀速变形阶段的滑坡体，可以不采用。

2. 应力监测

应力计是以测量变形为基础反算应力值的一种监测仪器，其监测值并不真正代表岩土体内的地应力，监测方法实际上仍是应变监测法。由于使用该仪器监测可以区分压力区和拉力区，一般可用于滑移式的土体滑坡及岩体滑坡监测。另外，可用于隧洞开挖型山体开裂底部压力监测和鼓胀式崩塌挤出带应力监测。

3. 地下水监测

利用监测钟、水位自动记录仪、孔隙水压计、钻孔渗压计、测流仪、水温计、测流堰、取样等，监测泉、井、坑、钻孔、平斜硐、竖井等地下水露头。

4. 地表水监测

利用水位标尺、水位自动记录仪等进行监测。

5. 地震监测

由于地震作用是作用于滑坡体的特殊荷载之一，对滑坡体的稳定性具有重要影响，应采用地震仪等监测区内及外围发生的地震强度、发震时间、震中位置、震源深度，分析区内的地震烈度，评价地震作用对滑坡体稳定性的影响。

6. 人类相关活动监测

由于人类活动如掘洞、削坡、爆破、加载及水利设施的运营等，往往造成人工型地质灾害或诱发产生地质灾害，在出现上述情况时，应予以监测并停止某项活动。对人类活动的监测，应监测对滑坡体有影响的项目，监测其范围、强度、速度等。

7.5 综合监测网点的布置

综合监测网是由不同功能的监测网、监测线（即监测剖面，以下简称测线）和监测点（以下简称测点）组成的三维立体监测体系，各类监测点的编号见表7-7。

各类监测法的编号表 表 7–7

监测法	编号	监测法	编号	监测法	编号
地表巡视法	DBX	声发射监测法	SFS	简易监测法	JYJ
自动监测法	ZDJ	沉降法	CJF	地表倾斜法	BQX
地震监测法	DZJ	重锤法	ZCF	遥感法	YGF
气象监测法	JYL	测缝法	CFF	近景摄影测量法	JSY
水质动态监测法	SDT	地下测斜法	DXC	全球定位系统测量法	QQD
地表水动态监测法	BSD	TDR 监测法	TDR	大地测量法（全站仪）	DBW
地下水动态监测法	DXS	钻孔测斜法	CXK	大地测量法（经纬仪）	DDC
深部横向推力监测法	TLJ	电测法	DCF		
应力应变监测法	YLB	机测法	JCF		

注：本表适用监测网或监测线的编号。

7.5.1 监测网型

1. 十字形

纵向、横向测线构成十字形，测点分别布设在测线上。测线两端放在稳定的岩土体上并分别布设为测站点（放测量仪器）和照准点。在测站点上用大地测量法监测各测点的位移情况。这种网型适用于范围不大、平面狭窄、主要活动方向明显的滑坡。当设一条纵向测线和若干条横向测线，或设一条横向测线和若干条纵向测线时，网型变成"丰"字形、"卄"字形或"卅"字形等。

2. 方格形

在滑坡范围内，多条纵向、横向测线近直交组成方格网，测点设在测线的交点上（也可加密布设在交点之间的测线上）。测站点、照准点布设同十字型。这种网型测点分布的规律性强，且较均匀，监测精度高，适用于滑坡地质结构复杂，或群体性滑坡。

3. 三角（或放射）形

在滑坡外围稳定地段设测站点，自测站点按三角形或放射状布设若干条测线，在各测线终点设照准点，在测线交点或测线上设测点。在测站点用大地测量法等监测测点的位移情况。对测点进行三角交会法监测时，可不设照准点。这种网型测点分布的规律性差，不均匀，距测站近的测点的监测精度较高。

4. 任意形

在滑坡范围内布设若干测点，在外围稳定地段布设测站点，用三角交会法、GPS 法等监测测点的位移。适用于自然条件、地形条件复杂的滑坡的变形监测。

5. 对标型

在裂缝、滑动等两侧，布设对标或安设专门仪器，监测对标的位移情况，标与标可不相联系，后缘缝的对标中的一个尽可能布设在稳定的岩土体上。在其他网型布设困难时，可用此网型监测滑坡重点部位的绝对位移和相对位移。

6. 多层型

除在地表布设测线、测点外，还利用钻孔、平硐、竖井等地下工程布设测点，监测不同高程、层位坡体的变形情况。

7.5.2 监测剖面

监测剖面是监测网的重要构成部分，每个监测剖面要控制一个主要变形方向，监测剖面原则上要求与勘察剖面重合（或平行），同时应为稳定性计算剖面。

监测剖面不完全依附于勘察剖面，应具有轻巧灵活的特点，应根据崩滑体的不同变形块体和不同变形方位进行控制性布设。当变形具有两个以上方向时，监测剖面亦应布设两条以上；当崩滑体发生旋转时，监测剖面可呈扇形布置。在有条件的情况下，应照顾到崩滑体的群体性特征和次生复活特征，兼顾到主崩滑体以外的小型崩滑体及次生复活的崩滑体的监测。

监测剖面应充分利用勘察工程的钻孔、平硐、竖井布设深部监测，尽量构成立体监测剖面。

监测剖面应以绝对位移监测为主体，在剖面所经过的裂缝、滑带上布置相对位移监测及其他监测，构成多手段、多参数、多层次的综合性立体监测剖面，达到互相验证、校核、补充并可以进行综合分析评判的目的。剖面两端要进入稳定岩土体并设置大地测量用的永久性水泥标桩，作为该剖面的观测点和照准点。

监测剖面布设时，可适当照顾大地测量网的通视条件及测量网型（如方格网），但仍以地质目的为主，不可兼顾时应改变测量方法以适应监测剖面。

当滑坡位于路基的一侧或路基从滑坡体上通过时，应对路基及其两侧进行监测。

7.5.3 监测点

监测点的布设首先应考虑勘察点的利用与对应。勘察点查明地质功能后，监测点则应表征其变形特征。这样有利于对崩滑机理的认识和变形特征的分析。同时，利用钻孔或平硐、竖井进行深部变形监测。孔口建立大地测量标桩，构成绝对位移与相对位移连体监测，扩大监测途径。

监测点要尽量靠近监测剖面，一般应控制在5m范围之内，若通视条件不好或受其他条件限制，亦可单独布点。

每个监测点应有自己独立的监测功能和预报功能，应充分发挥每个监测点的功效。这就要求选点时应慎重，有的放矢，布设时应事先进行该点的功能分析及多点组合分析，力求达到最好的监测效果。

若在构造物上布置监测点，同时应在其附近也布设一定数量、采用相同监测方法的监测点，以便对比分析。

监测点不要求平均分布，对崩滑带，尤其是崩滑带深部变形监测，应尽可能布设。对地表变形剧烈地段和对整个崩滑体稳定性起关键作用的块体，应重点控制，适当增加监测点和监测手段，但对于崩滑体内变形较弱的块体段也必须有监测点予以控制并具代表性。

选点时要慎重，要尽量避免因地质判断失误选在崩滑体或其他斜坡变形体上，同时应避开临空小陡崖和被深大裂隙切割的岩块，以消除卸载变形和局部变形的影响。

7.6 监测时限与监测频率

公路滑坡、崩塌监测预报分为短期、中期和长期，应用于勘察设计、施工和运营阶段。各阶段的监测频率应根据监测目的和灾害体的动态进行实时调整，见表7-8。

监测时限和频率表　　　表7-8

阶段	监测时段		正常情况	雨期监测频率	汛期监测频率	有活动异常监测频率
勘察设计阶段	短期监测（几天~1年，可延至施工、运营阶段）	确定最深层滑动面或确定崩塌的松动范围即可停止，一般为1~6个月	7~15d/1次	1~7d/1次	数小时~1d/1次	1~7d/1次
施工阶段	中期监测（1~2年，可延至运营阶段）	开工至竣工验收	1~7d/1次	1d/1~2次	1d/2次	连续跟踪
运营阶段	长期监测（2年以上）	直至安全、稳定	7~15d/1次	1~7d/1次	1~7d/1次	连续跟踪

7.7 深层位移曲线类型及分析

根据对大量实际监测曲线的总结，滑坡深部位移曲线有V形、D形、B形、r形、钟摆形和复合形等几种。

V形：曲线特点表现为，底部位移很小，而上部位移较大，中间没有较明显的波峰和波谷（滑动面），表明滑坡该部位还没有形成明显的滑动面，处于剪切蠕变阶段，但随着时间的推移，有可能在最薄弱的地方形成滑动面。

D形：曲线只有一个较明显的滑面，且滑面位置较深，滑面以上滑体呈整体运动。

B形：曲面有几个较明显的滑面，但以其中一个滑面相对运动为主，表明滑坡沿岩土体多层滑面（或结构面）滑动，但各滑块的运动速率不一致，滑坡处于蠕变—滑移阶段。

r形：曲线显示在滑坡较浅部已形成明显的滑动面，且位移相对较大，而下部位移较小，表明滑坡在监测时段以浅层整体滑移为主。

第 8 章

大数据信息化监测平台

大数据信息化监测平台概述
大数据信息化监测平台的基础技术
大数据信息化监测平台的组成及功能
大数据信息化监测平台的实施作用
大数据信息化监测平台的功能扩展
大数据信息化监测平台案例

8.1　大数据信息化监测平台概述

互联网/大数据+工程检验检测模式下应运而生的大数据信息平台，其设计思路一般是全视图、全产品、全触点的常态化数据平台，大部分该类型的平台同时具备传感器系统、数据传输系统、数据管理和分析系统，且一般集数据采集、数据存储及处理、自动化作业调度、智能化数据监控与稽核、大数据分析与预测、统一化大数据服务接口于一体，常规的大数据信息化监测平台可实现检测、诊断、处理的全过程。平台系统技术架构应包括数据源层、数据接入层、数据处理层、数据分发层、在线存储层、应用服务层，系统从数据源层系统等业务系统中进行数据采集，经过分布式文件存储、实时处理等数据处理环节。

平台接入的传感器种类涵盖了土木工程安全监测的所有应用场景，各家公司开发的平台根据其应用情况有所不同，还需要考虑与市面上的网关设备适配情况等。

常规的大数据监测平台软件系统部分可由大数据驾驶舱、数据交换、数据质控、数据监测、自主报告等系统模块组成（图8-1）。

图8-1　大数据信息化监测平台总体框架图

1. 大数据驾驶舱

建立管理驾驶舱，通过大屏图表的形式对项目接入情况、设备运行情况、项目运行情况、项目状态情况、项目分布情况等进行直观的展示。

2. 数据交换系统

完成各类数据的清洗、格式转换、数据交换和存储，它由一系列中间件、服务、Web Service 接口以及中心数据库组成。

3. 数据质控系统

采用 Spark 大数据处理技术解决数据质量问题，支持从数据源、数据清洗、加工到处理各个环节的数据监管，建立数据质量考评机制，将各类数据的打分结果按照 5 个维度（综合得分、一致性、完整性、规范性、及时性）进行展示。

4. 数据监测系统

建立专业监测网络，可实现与群测群防体系相结合的大数据监测平台及健康预警信息报送，重在建成覆盖专群结合的突发地质灾害监测预警体系。

5. 自助报告系统

是原始数据收集、提取、加工计算，报告编辑、审核、报送的全过程的管理和运维。

8.2 大数据信息化监测平台的基础技术

8.2.1 系统环境及功能

1. 硬件环境

触摸终端一体机：服务器兼人机交互。

客户机一般要求：双核 2.5GHz 以上，内存 4G 以上。

计算机数量达到应用点数的要求。

2. 网络环境

应用部门网络带宽速率建议不低于 100Mbit/s，网络延时不超过 50ms，宜采用有线网络。

8.2.2 数据接入技术

数据接入层应包括实时采集、批量采集、交互式采集等。

1. 实时采集

可通过使用 Flume 监听文件及日志，对相关数据进行采集，并将需要采集的信息发送至 Kafka 消息队列中进行进一步处理。

2. 批量采集

可通过 DataX 或 Sqoop 将关系型数据库、FTP、单文件等源数据进行采集，并将数据同步至 HDFS 中。

3. 交互式采集

可通过交互式操作，将各类数据内容进行上传、解析、采集，使用 DataX 或 Sqoop 直接读取该部分数据。

另外，针对特殊格式的数据源，可采用 HDFS API 编写自定义数据源采集组件，以实现相关源数据的采集功能。

8.2.3 数据处理技术

数据处理层可采用分布式混合存储方式实现数据的存储。

其中，分布式文件系统采用 HDFS 实现，分布式列存储采用 HBase 实现，以 Hive 实现数据仓库功能。

统计分析模块主要实现位置统计、宽表数据统计、标签匹配、多业务数据整合等功能。

即席查询主要用于实现数据查询分析服务，实现自定义数据查询、临时统计数据、报表等功能。

搜索引擎可实现快速检索能力，用于定制系统内部各类搜索功能。

数据挖掘主要通过 Mahout、R-Hadoop、Spark Mllib、Pythun 等技术，实现土木工程标签分析能力。

通过 Kafka 消息队列、Spark Streaming、Storm 等技术，实现数据的实时处理能力。

8.2.4 数据分析技术

通过 DataX 实现异构数据的采集功能，Sqoop 实现关系型数据库采集能力，ETL 用户实现作业调度功能。

SQL Loader 是一种数据库导入工具，可以实现大量数据的快速导入功能。

8.2.5 在线存储层

在线存储可以实现多种数据的异构存储能力，主要包括文件存储、RDBMS、NoSQL、Cache、Index。

其中，文件存储主要用于向 BSS 提供文件共享接口能力。

RDBMS 主要用于实现各类共享接口、Web 服务、Web 页面等数据共享能力。

NoSQL 主要用于实现数据可视化功能，其中 Cache 主要包括 Radis、Memcached。

8.3 大数据信息化监测平台的组成及功能

8.3.1 数据交换系统

大数据交换系统是采集、转换、加载来自各个厂家采集设备的数据，创建一个具有更多功能的企业应用的过程。传统的商业应用具有很强的面向对象性——即它们依靠持续的数据结构为商业实体和过程建模。当这种情况发生时，逻辑方式是通过数据共享或合并进行整合，而其他情况下，来自于一个传感器的数据可能是重新构造才能和其他传感器的数据结构匹配，然后才能被写进大数据平台处理分析。

数据交换系统主要完成数据的存储、格式转换和数据交换，它由一系列中间件、服务、Web Service 接口以及中心数据库组成，其核心组件包括数据交换引擎、安全管理、系统管理、Web 服务管理以及 Web Service 接口。

1. 数据交换引擎

数据交换引擎实现交换和协同的核心功能，提供交换监控、交换报告、校验报告、配置管理、数据变换和协同等服务。

2. 监控交换系统（图 8-2）

将数据交换的每个环节按照交换点进行监控并可视化，方便了解数据交换情况以及排查数据问题。

图 8-2 监控交换系统

3. 交换报告

将交换结果进行统计分析并生成交换报告（图 8-3）。

4. 校验报告

通过数据比对将异常的数据比对出来，保证进入分析平台的数据是准确的（图 8-4）。

序号	表名	表中文名	必传	评分	填报日期	前置库 应传数量	缓存库 实收数量	中心库 实收总量	中心库 实收数量	存储库 实收数量
1	BG_SSJ...	记录报告	是	是	20171226	0	0	0	0	0

图 8-3 交换报告

指标代码	指标名称	平台表	监测表	平台值	监测值	一致率
WW-0953		mz_ghb	tj_mjzgzl_ks_rb	12.0	40.0	30.0%

图 8-4 校验报告

5. 配置管理

主要是完成交换节点管理、交换表管理、交换机构管理、对接汇总。

1）安全管理服务

安全管理服务是利用系统的安全和信任服务，实现对用户的管理、身份认证和授权管理等服务，安全管理服务中的安全中间层还提供了安全的 Web Service 服务，管理 Web 服务会话，从而实现安全数据交换。

2）系统管理服务

系统管理服务实现对系统的配置管理和状态监控，通过对系统管理服务配置数据交换中心各部分的运行参数，实现服务的启动控制，监控整个系统的运行状态。

3）Web 服务管理

提供 Web 服务的注册管理和发布功能，通过 Web 服务管理，各数据交换节点代理向数据中心注册自己的数据交换 Web 服务，数据中心根据注册的消息，通过 Web 服务的路由，主动调用数据交换节点的数据访问服务来向数据交换节点获取数据。

4）Web Service 接口

Web Service 接口向外部应用程序和数据交换节点展示数据交换的相关 Web 服务，Web 服务的实现可以是基于 HTTP、邮件 SMTP 以及 JMS 等各种协议的，可以是异步的，也可以是同步的。Web Service 接口通过安全管理服务来实现可信的 Web 服务调用。

8.3.2 数据质控系统

采用数据处理技术解决数据质量问题，支持从数据源、数据清洗、加工到处理各个环节的数据监管，建立数据质量考评机制，将各个监测点数据的打分结果按照 5 个维度（综合得分、一致性、完整性、规范性、及时性）进行展示。可以直观地了解各个监测点的数据质量情况，为后期大数据分析提供精准可靠的数据。

8.3.3 数据监测系统

对在测的土木工程结构和地质灾害建立专业监测网络，可实现与群测群防体系相结合的大数据监测平台及健康预警信息报送，重在建成覆盖专群结合的突发地质灾害监测预警体系。

工程信息：展示项目委托单位、项目地点、委托时间、结构（防护）类型、工程规模等具体的工程信息，以便于从工程类型、结构类型、地理空间等方向为大数据分析作准备。

控制面板：展示监测点的布置图、最近 24h 的安全健康状态（变形、内力、周边环境监测情况）、监测参数类型及数据。

数据告警：对告警按告警源、告警等级、告警产生时间、告警原因、设备状态、告警确认状态、确认信息等采用分类、统计进行全面展示。

数据比对：通过对同一个监测点在不同时间的数据进行比对分析，判断该监测点目前的状态及预测未来状态。

数据关联：通过对同一时间段不同（同类型或异类型）监测点数据进行关联分析，综合确定项目整体或局部安全健康状态。

文档管理：可对本项目监测报告内容进行查看、下载等操作，以便各个单位、部门及人员了解本项目的具体情况。

工程相册：现场人员可通过手机 App 或计算机端等方式对现场情况照片进行上传或查询，以便人员通过照片表达或了解整个项目或具体部位的状态。

8.3.4 可视化系统

数据可视化主要旨在借助于图形化手段，清晰有效地传达与沟通信息。但是，这并不意味着数据可视化就一定因为要实现其功能用途而令人感到枯燥乏味，或者是为了看上去绚丽多彩而显得极端复杂。为了有效地传达思想观念，美学形式与功能需要齐头并进，通过直观地传达关键的方面与特征，从而实现对于相当稀疏而又复杂的数据集的深入洞察。然而，设计人员往往并不能很好地把握设计与功能之间的平衡，导致创造出华而不实的数据可视化形式，无法达到其主要目的，也就是传达与沟通信息。

数据可视化与信息图形、信息可视化、科学可视化以及统计图形密切相关。当前，在研究、教学和开发领域，数据可视化乃是一个极为活跃而又关键的方面。"数据可视化"这条术语实现了成熟的科学可视化领域与较年轻的信息可视化领域的统一。

通过动态曲线将水平和垂直相结合以及健康数据建模统计分析，得出比较直观的变形特征。开发基于不同监测设备厂商的数据接口，沉淀边坡、基坑健康数据信息标准，为城市基础设施养护行业奠定行业地方标准基础，同时可采用不同的预警阈值代表不同的变形量。

8.4 大数据信息化监测平台的实施作用

随着边坡监测理论和技术的长足发展，监测信息化平台在工程中的应用也越来越广泛，其作用也已随着应用的扩展而越来越多元化，通常大数据信息化监测平台能实现多方面的功能和作用。

首先，数据交换系统是采集、转换、加载来自各个厂家采集设备的数据，创建一个具有更多功能的企业应用的过程。通常情况下，大数据信息平台的数据源于其各个厂家数据采集系统以及基础数据，数据交换系统作为建筑结构大数据平台的基础模块，包括数据采集、ETL 作业调度。其可实现数据采集情况的实时监控汇总、数据采集的统计分析及预警、数据采集的自动调试管理。

其次，质控系统采用先进的 Spark 等大数据处理技术解决数据质量问题，支持从数据源、数据清洗、加工到处理各个环节的数据监管，同时提供指标级的监控规则配置，对问题数据通过弹窗、短信、App 推送方式通知维护人员，确保提供高质量的数据进行大数据挖掘和分析。

最后，边坡画像是对洞察对象的各类属性、特征、行为的认知成果，是一种标记性语言，易于理解，易于机器识别。根据对洞察对象的描述视角可以分为三类：基础信息、属性画像、活动策略。大数据信息化监测平台可通过对各业务平台源数据进行清理、处理、汇聚、分析，对边坡进行标签标示，具备以边坡为中心的标签打标功能，构建完整的边坡标签体系，建立边坡画像。

8.5　大数据信息化监测平台的功能扩展

1. 自助报告生产系统

目前，边坡监测领域大多数报告的格式都是固定的，只是一些具体的数据不同而已。如果仅依靠人工进行处理，大量查询、复制和粘贴工作不但烦琐、耗时、效率低下，而且容易出错，降低了报告的准确性。自助报告系统主要是为适应报告生成过程中流程管理的自动化、业务逻辑的模块化、岗位操作的角色化的需求，开发设计的一套系统。主要集成报告原始数据收集、原始数据加工计算、数据提取、报告编辑、报告审核、报告生成，直到发送给最终用户的全过程的管理和运维。

2. App 监测系统

App 监测系统，基于安卓 App 用于移动设备上报巡查信息；通过移动端方便上报巡查照片、文字等数据；数据统一，减少重复录入；系统操作简单，易于维护；用户登录后在主页按照大类工业与民用建筑、水利水电工程、地下工程、土木工程、滑坡选择小类，直到选择对应的建筑结构。比如进行边坡巡检数据的录入和日常巡检记录查看，操作人员可以录入巡查相关数据和上传相关照片（图 8-5）。

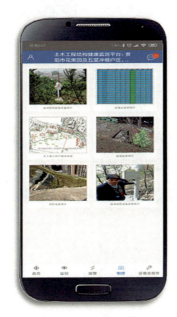
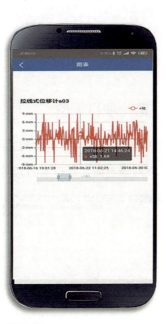

图 8-5　App 监测系统

8.6 大数据信息化监测平台案例

8.6.1 系统首页

用户登录系统后，跳转到首页，显示用户下的监测项目分布，并对报警项目进行弹窗展示（图8-6）。

图8-6 系统首页

8.6.2 监测项目类型

单击顶部菜单进入不同监测类型的项目，例如单击边坡工程菜单，进入边坡工程列表页面，可以查看边坡工程相关监测项目（图8-7）。

图8-7 监测项目类型

8.6.3 边坡工程信息

在边坡工程列表页面单击工程信息进入边坡工程下属具体某个监测项目页面，可以查看具体项目的相关信息（图 8-8）。

图 8-8　边坡工程信息

8.6.4 边坡工程控制面板

单击左侧控制面板菜单进入控制面板页面，可以查看具体项目的相关监测数据（图 8-9）。

图 8-9　边坡工程控制面板

8.6.5　边坡工程数据告警

单击左侧数据告警菜单进入数据告警页面，可以查看具体项目的相关告警信息且对告警信息进行处理（图 8-10）。

图 8-10　边坡工程数据告警

8.6.6　边坡工程数据比对

单击左侧数据比对按钮菜单进入数据比对页面，可以通过点击添加按钮添加不同时段，进行对单个传感器在不同时间段同一监测点数据的比对（图 8-11）。

图 8-11　边坡工程数据比对

8.6.7 边坡工程数据关联

单击左侧数据关联菜单进入数据关联页面,对比不同类型传感器在某一特定时间段存在什么样的联系,可以添加不同类型的传感器对比(图 8-12)。

图 8-12 边坡工程数据关联

8.6.8 边坡工程相册

单击左侧工程相册菜单进入工程相册页面,可以查看工程相关图片(图 8-13)。

图 8-13 边坡工程相册

8.6.9　边坡工程报告管理

单击左侧报告管理菜单进入工程信息维护页面，进行工程信息的维护（图 8-14）。

图 8-14　边坡工程报告管理

单击左侧数据趋势菜单进入数据趋势图页面，可以按照业务需要选择监测数据进行数据图表生成及保存。

第 9 章
工程实践案例一

项目概况
项目特征
监测方案
监测结果和评析

9.1 项目概况

9.1.1 项目简介

案例一边坡为贵阳某建筑工程项目边坡,项目按规划台地标高开挖后,将于场地南侧形成高达37m的边坡,边坡使用年限不小于拟建建筑,为永久性边坡;边坡破坏后果很严重,安全等级为一级。

9.1.2 工程地质情况

1. 地质构造

拟建场地处于扬子准地台黔北隆起贵阳复式构造区贵阳向斜北东侧。勘察资料显示,拟建场地北西侧350m处(不在总图范围内),有一条断层经过:断层F_1为正断层,由南西向再向北东向延生,产状倾向145°,倾角75°,断层的北盘、南盘均为三叠系杨柳井组,该断层位于拟建边坡北西侧,距拟建边坡较远,对边坡影响不大。

2. 地层岩性

拟建场地覆盖层主要为第四系红黏土,下伏基岩为三叠系杨柳井组(T_{y1})白云岩,岩层呈单斜构造产出,根据区域地质资料及踏勘现场实际测量,拟建场地的岩层产状为220°∠16°,层面略有起伏,岩屑充填,层面结合差。场区主要发育两组节理裂隙:

J_1:产状76°∠83°,延伸长度大于2~3m,节理面分离,张开小于1mm,线密度2~3条/m,表面光滑,岩屑充填,结合程度差;

J_2:产状355°∠76°,延伸长度大于1~2m,节理面分离,张开小于1.5mm,线密度2~3条/m,表面光滑,岩屑充填,结合程度差。

3. 地形地貌

拟建场地所处地貌单元为溶蚀低中山地貌,拟建场地南侧为自然斜坡地貌,北侧为原居民区(目前正在进行拆迁工作),西侧为自然斜坡地貌,东侧为市政道路及居民区。拟建场地标高为 1163.120 ~ 1220.150m，场地地势总体为南侧较高北侧较低，地表高差较大，相对高差 57.03m。

4. 气象、气候

据《贵州省建筑气象标准》黔 DBJ 22—01—87，工程区所在的贵阳城区属北亚热带，属冬春半干燥夏季湿润型季风气候，冬季受北部寒潮影响较弱。夏季受东南海洋季风气候影响显著，具有四季温和、雨量丰富、热量充足、日照率低、风力较弱及逆温天多的特点。冬无严寒，夏无酷暑，四季分明，年平均温度 15.3℃，最冷月 1 月平均 4.9℃，最热月 7 月平均 24℃，极端最高 39.5℃，极端最低 -7.8℃，年平均降水量 1174.7mm，集中于下半年；年平均风速 2.2m/s，全年以北东风为主，夏季盛行南风，冬季盛行北风，>8 级的风日数为 8d，静风频率为 38%，30 年一遇大风为 21.9m/s，年平均大风（≥8 级）日数为 11.6d。年平均相对湿度 77%，年日照数为 1420h，全年积雪深最大达 8cm，年无霜期 261d；全年平均雾日数 9.1d。近年来，受全球变暖影响，雨量减少，大雨集中在每年 6、7 月份。据 1960 ~ 1983 年统计资料，年降雨量最大为 1435.2mm（1967 年），最小为 718.6mm（1981 年）；日降雨量最大为 113.5mm（1970 年），最小为 40.4mm（1975 年）。年平均气压 8935MPa。冬季气压较高，夏季气压较低。

5. 岩土构成

对场区岩土构成自上而下分述如下：

硬塑红黏土（Q_4^{el+dl}）：黄褐色，硬塑，残、坡积成因，致密状~块状，局部含少量强风化团块，干强度中等，韧性中等，切面稍有光泽，厚度 0.5 ~ 1.8m，平均厚度 0.71m。

三叠系杨柳井组（T_{y1}）白云岩：灰色、灰白色，中厚层状，中风化白云岩，节理裂隙较发育，局部被方解石脉充填、铁质侵染，敲击声较脆，岩芯多为短柱状，部分为长柱状，岩芯采取率 65% ~ 85%，*RQD* 值为 35% ~ 50%。场地中风化岩石单轴饱和抗压强度标准值为 36.808MPa，属于较硬岩；根据现场钻孔取芯情况，岩体完整程度为较破碎；岩体基本质量级别为Ⅳ级，边坡岩体类型为Ⅲ类。

6. 场地水文地质条件

1）地表水

拟建场地北侧，即自然坡体前 2~3m，有一排洪大沟，沟宽 0.8~1.5m，沟深 1.8~2.6m，勘察期间为枯水期，水流量稍小，为 1.8~3.5L/s，水流量受大气降水影响。主要补给来源为大气降水及周边地表水的汇集。排泄方向为由西向东，汇入松溪河支流。

2）地下水

根据区域水文地质资料及本次勘察，场地下伏基岩属区域性可溶岩组，岩体中溶孔及溶蚀裂隙发育，为地下水赋存提供了良好的空间条件。场地下伏基岩富水性较强，属裂隙—溶洞含水层，地下水较丰富。地下水主要为大气降雨补给形成，其水位受降雨量影响变化迅速，峰值滞后时间短，属潜水。本次勘察钻孔控制深度范围内，未见地下水。

3）水土腐蚀性

结合场地勘察报告，拟建场地内地下水、红黏土对混凝土结构物有微腐蚀性，对钢筋混凝土结构中的钢筋具有微腐蚀性。

7. 地震

拟建场区场地类别为Ⅱ类；根据《中国地震动参数区划图》GB 18306—2015，抗震设防烈度为 6 度，设计基本地震加速度峰值为 0.05g，设计地震分组为第一组，设计特征周期为 0.35s。

9.1.3 岩土技术参数

硬塑红黏土：重度 γ = 16.8kN/m³，黏聚力 c_k = 42kPa，内摩擦角 ϕ_k = 15°；中风化白云岩：重度 γ = 27.2kN/m³，黏聚力 c = 500kPa，内摩擦角 ϕ = 33°，单轴饱和抗压强度 f_{rk} = 36.808MPa，承载力 f_a = 4000kPa；边坡岩体类型为Ⅲ类，岩体等效内摩擦角 ϕ_e = 55°；岩层层面：黏聚力 c = 50kPa，内摩擦角 ϕ = 18°。

9.1.4 支护形式

对场地内边坡特征具体分述如下：

AB 段边坡：该段边坡长约 32m，高达 22m，为挖方岩质切向边坡，由于现场条件限制，采用缓于 1∶0.3 放坡 + 格构锚索支护。本段为永久性边坡，安全等级为一级。

BCD 段边坡：该段边坡长约 56m，高达 33m，为挖方岩质切向、逆向边坡，由于现场条件限制，采用分阶放坡，上阶采用 1∶0.3 放坡 + 喷锚支护，下阶采用缓于 1∶0.3 放坡 + 格构锚索支护；分阶马道宽 1.5m，标高为 1205.000m。本段为永久性边坡，安全等级为一级。

DE 段边坡：该段边坡长约 36m，高达 28m，为挖方岩质逆向边坡，由于现场条件限制，采用分阶放坡，上阶采用 1∶0.3 放坡 + 喷锚支护，下阶采用缓于 1∶0.4 放坡 + 格构锚索支护；分阶马道宽 1.5m，标高为 1205.000m。本段为永久性边坡，安全等级为一级。

EF 段边坡：该段边坡长约 25m，高达 35m，为挖方岩质逆向边坡，由于现场条件限制，采用分阶放坡，上阶采用 1∶0.3 放坡 + 喷锚支护，下阶采用缓于 1∶0.25 放坡 + 格构锚索支护；分阶马道宽 1.5m，标高为 1205.000m。本段为永久性边坡，安全等级为一级。

FG 段边坡：该段边坡长约 30m，高达 30m，为挖方岩质切向、逆向边坡，由于现场条件限制，采用分阶放坡，上阶采用 1∶0.3 放坡 + 喷锚支护，下阶采用缓于 1∶0.3 放坡 + 格构锚索支护；分阶马道宽 1.5m，标高为 1205.000m。本段为永久性边坡，安全等级为一级。

GH 段边坡：该段边坡长约 18m，高达 33m，为挖方岩质切向边坡，由于现场条件限制，采用分阶放坡，上阶采用 1∶0.3 放坡 + 喷锚支护，下阶采用缓于 1∶0.25 放坡 + 格构锚索支护；分阶马道宽 1.5m，标高为 1205.000m。本段为永久性边坡，安全等级为一级。

HI 段边坡：该段边坡长约 25m，高达 37m，为挖方岩质切向边坡，由于现场条件限制，采用分阶放坡，上阶采用 1∶0.3 放坡 + 喷锚支护，下阶采用缓于 1∶0.2 放坡 + 格构锚索支护；分阶马道宽 1.5m，标高为 1205.000m。本段为永久性边坡，安全等级为一级。

IJ 段边坡：该段边坡长约 24m，高达 30m，为挖方岩质切向边坡，由于现场条件限制，采用分阶放坡，上阶采用 1∶0.3 放坡 + 喷锚支护，下阶采用缓于 1∶0.3 放坡 + 格构锚索支护；分阶马道宽 1.5m，标高为 1205.000m。本段为永久性边坡，安全等级为一级。

JK 段边坡：该段边坡长约 30m，高达 37m，为挖方岩质切向边坡，由于现场条件限制，采用分阶放坡，上阶采用 1∶0.3 放坡 + 喷锚支护，下阶采用缓于 1∶0.3 放坡 + 格构锚索支护；分阶马道宽 1.5m，标高为 1205.000m。本段为永久性边坡，安全等级为一级。

KL 段边坡：该段边坡长约 30m，高达 37m，为挖方岩质切向边坡，由于现场条件限制，采用分阶放坡，上阶采用 1∶0.3 放坡 + 喷锚支护，下阶采用缓于 1∶0.25 放坡 + 格构锚索支护；分阶马道宽 1.5m，标高为 1195.000m。本段为永久性边坡，安全等级为一级。

LM 段边坡：该段边坡长约 20m，高达 18m，为挖方岩质切向边坡，由于现场条件限制，采用分阶放坡，上阶采用 1∶0.3 放坡 + 喷锚支护，下阶采用缓于 1∶0.5 放坡 + 格构锚索支护；分阶马道宽 1.5m，标高为 1195.000m。本段为永久性边坡，安全等级为一级。

MNO 段边坡：该段边坡长约 47m，高达 27m，为挖方岩质切向边坡，由于现场条件限制，采用分阶放坡，上阶采用 1∶0.3 放坡 + 喷锚支护，下阶采用缓于 1∶0.3 放坡 + 格构锚索支护；分阶马道宽 1.5m，标高为 1185.000m。本段为永久性边坡，安全等级为一级。

OP 段边坡：该段边坡长约 46m，高达 19m，为挖方岩质切向边坡，由于现场条件限制，采用分阶放坡，上阶采用 1∶0.3 放坡 + 喷锚支护，下阶采用缓于 1∶0.4 放坡 + 格构锚索支护；分阶马道宽 1.5m，标高为 1185.000m。本段为永久性边坡，安全等级为一级。

PQR 段边坡：该段边坡长约 72m，高达 32m，为挖方岩质切向边坡，由于现场条件限制，采用分阶放坡，上阶采用 1∶0.3 放坡＋喷锚支护，下阶采用缓于 1∶0.3 放坡＋格构锚索支护；分阶马道宽 1.5m，标高为 1185.000m。本段为永久性边坡，安全等级为一级。

RS 段边坡：该段边坡长约 138m，高达 36m，为挖方岩质切向边坡，由于现场条件限制，采用分阶放坡，上阶采用 1∶0.3 放坡＋喷锚支护，下阶采用缓于 1∶0.3 放坡＋格构锚索支护；分阶马道宽 1.5m，标高为 1185.000m。本段为永久性边坡，安全等级为一级。

ST 段边坡：该段边坡长约 60m，高达 19m，为挖方岩质逆向边坡，由于现场条件限制，采用缓于 1∶0.35 放坡＋格构锚索支护。本段为永久性边坡，安全等级为一级。

TX 段边坡：该段边坡长约 146m，高达 15m，为挖方岩质切向、逆向边坡，由于现场条件限制，采用缓于 1∶0.35 放坡＋喷锚支护。本段为永久性边坡，安全等级为一级。

XY 段边坡：该段边坡长约 35m，高达 22m，为挖方岩质切向边坡，由于现场条件限制，采用缓于 1∶0.25 放坡＋格构锚索支护。本段为永久性边坡，安全等级为一级。

边坡支护平面布置图见图 9-1，典型剖面图见图 9-2。

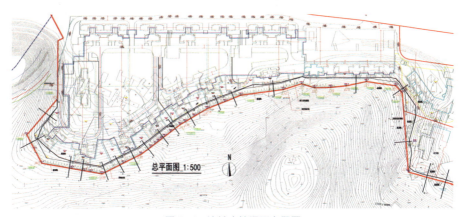

图 9-1　边坡支护平面布置图

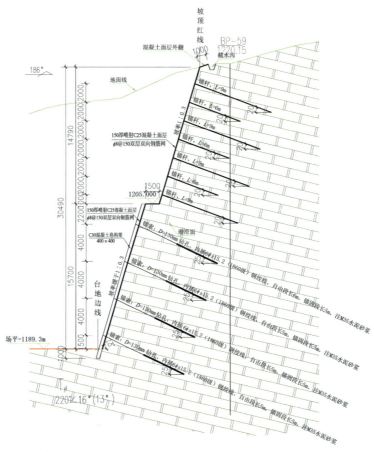

图 9-2　典型剖面图

9.2　项目特征

9.2.1　监测必要性

贵州省属喀斯特地貌，工程地质及水文地质条件复杂多变，随着该省基本建设的快速推进，越来越多的高陡边坡、土岩组合边坡、支护结构体系多样的高边坡出现了滑动、坍塌、破坏等地质灾害现象。开展高边坡预警预报的技术研究，建立贵州省典型高边坡地质灾害边坡远程自动化监测系统，可为防灾减灾提供技术保证。

本工程项目为高边坡工程，属于超过一定规模的危险性较大的分部分项工程。周边工程环境相对复杂，边坡影响区域内有多个在建高层建筑，在建高层建筑距离边坡坡脚很近，因此该边坡支护结构稳定性和坡体稳定性事关重大，对其进行监测有很大的必要性。

通过监测，及时和全面了解边坡变化情况，实现边坡信息化施工，并将监测数据作为判断边坡安全和周边环境安全的重要依据，出现异常情况时及时反馈。

9.2.2 监测方法

本项目采用常规人工监测及机器视觉监测系统两种监测手段相结合的方式对边坡进行表面位移监测，并对边坡进行现场人工巡查。

1. 常规人工监测

1) 边坡工程监测点的布置应能反映监测对象的实际状态及其变化趋势，监测点应布置在内力及变形关键特征点上，并满足监控要求。

2) 边坡工程监测点的布置应不妨碍监测对象的正常工作，并应减少对施工作业的不利影响。

3) 监测标志应稳固、明显、结构合理，监测点的位置应避开障碍物，便于观测。

4) 现场监测的观测仪器和设备应满足观测精度和量程的要求，并具有较好的稳定性。

5) 边坡工程监测工作的准备工作应在边坡开挖前完成。

6) 为保证各监测项目的初读数准确，本工程开始监测时应在至少连续三次测得的数值基本一致后，才能将其确定为该项目的初始值。

7) 同一观测项目每次观测时，宜符合下列要求：

（1）采用相同的观测路线和观测方法；

（2）使用同一监测仪器和设备；

(3)固定观测人员；

(4)在基本相同的环境和条件下工作。

8)现场巡视检查：边坡工程监测期内，应定期由有经验的监测人员，对边坡工程进行巡视检查并做好记录。巡视检查内容如下：

(1)支护结构：

①支护结构的成型质量；

②格构梁、冠梁有无裂缝出现；

③锚索有无破坏；

④护面有无坍陷、裂缝及滑移；

⑤边坡底部有无异常凸起、渗水等现象。

(2)施工工况：

①开挖后暴露的土质情况与岩土勘察报告有无差异；

②边坡开挖分层高度、开挖分段长度是否与设计工况一致，有无超深、超长开挖；

③边坡场地地表水、地下水排放状况是否正常，边坡降水设施是否正常运转；

④边坡周围地面堆载是否有超载情况。

(3)周边环境：

边坡周边建（构）筑物及地表有无裂缝出现。

(4)监测设施：

①基准点、测点有无破坏现象；

②有无影响观测工作的障碍物；

③监测元件的保护情况。

(5)巡视检查方法和记录：

①主要依靠目测，可辅以锤、钎、量尺、放大镜等工器具以及摄（录）像机进行。

②每次巡视检查应对自然环境（雨水、气温、洪水的变化等）、边坡工

程检查情况进行详细记录。如发现异常,应及时通知施工和监理单位相关人员。

③巡视检查记录应及时整理,并与当日监测数据综合分析,以便准确地评价边坡的工作状态。

2. 机器视觉技术监测系统

机器视觉技术监测系统由靶标(安装在被测物体上)、机器视觉监测仪、健康监测管理平台组成。机器视觉监测仪是一台具备边缘计算能力的智能摄像机,采用机器视觉专用硬件与软件系统,可以识别靶标精准坐标,当被测结构物发生平面位移时,靶标坐标随之变化,从而测量到被测物的水平与垂直双向位移(图9-3)。

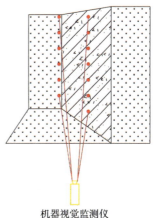

图9-3 机器视觉技术监测示意图

3. 测量精度

根据本项目实际情况及《建筑变形测量规范》JGJ 8—2016和《工程测量标准》GB 50026—2020中第10.1.3条的规定,本次监测按二等变形测量级别进行,精度指标如表9-1所示。

变形监测的等级划分及精度要求(mm)　　　　表9-1

等级	垂直位移监测		水平位移监测	适用范围
	变形观测点的高程中误差	相邻变形观测点的高差中误差	变形观测点的点位中误差	
一等	0.3	0.1	1.5	变形特别敏感的高层建筑、高耸建筑物、工业建筑、重要古建筑、大型坝体、精密工程设施、特大型桥梁、大型直立岩体、大型坝区地壳变形的监测等
二等	0.5	0.3	3.0	变形比较敏感的高层建筑、高耸构筑物、工业建筑、古建筑、特大型和大型桥梁、大中型坝体、直立岩体、高边坡、重要工程设施、重大地下工程、危害性较大滑坡的监测等

续表

等级	垂直位移监测		水平位移监测	适用范围
	变形观测点的高程中误差	相邻变形观测点的高差中误差	变形观测点的点位中误差	
三等	1.0	0.5	6.0	一般性的高层建筑、多层建筑、工业建筑、高耸构筑物、直立岩体、高边坡、深基坑、一般地下工程、危害性一般的滑坡、大型桥梁监测等
四等	2.0	1.0	12.0	观测精度要求较低的建（构）筑物、普通滑坡、中小型桥梁监测等

注：本表摘自《工程测量标准》GB 50026—2020。

9.3 监测方案

1. 边坡常用人工监测方案

全站仪边坡变形监测可采用设站观测法，即在边坡体上设置变形监测点，沿边坡长度方向每10~20m布设一个监测点，在变形区域影响范围之外稳定地点设置固定参考点，用全站仪定期监测各监测点的坐标；并配合支护结构和周边环境状况的日常巡查：巡视检查宜以目测为主，可辅以锤、钎、量尺、放大镜等工器具以及摄像、摄影等设备进行。对自然条件、支护结构、施工工况、周边环境、监测设施等的巡视检查情况应做好记录。检查记录应及时整理，并与仪器监测数据进行综合分析。巡视检查如发现异常和危险情况，应及时通知建设方及其他相关单位。

2. 机器视觉技术监测系统方案

本次采用机器视觉技术监测系统监测的范围为DEFGHIJK段边坡，边坡监测段长度约190m，边坡最大高度约36m，监测点布设于边坡顶部（表9-2）。

综合以上常用的边坡安全监测方法，也是技术迭代更新的一个过程，从经济性、可操作性等方面综合对比，两种方法具有各自的优缺点，传统方

不同边坡监测方法对比　　　　　　　表 9-2

监测方法	优点	缺点
边坡常用人工监测（全站仪）	技术成熟； 测量精度可控； 人员专业要求单一	场地通视要求高； 有稳定可靠的基准点； 操作人员技术水平稳定
机器视觉技术监测	技术领先； 连续读取数据，不间断测量； 系统硬件造价低； 硬件可回收重复使用	测量结果可能受天气影响

法采用精密全站仪，精度更高，测量结果更可靠，但对场地条件要求高，监测结果和人员熟练程度、技术水平息息相关；机器视觉技术监测系统属于新技术水平下发展起来的集智能化、自动化、数据化于一体的全新变形监测方法，其优点为连续实时不间断监测，缺点也比较明显，硬件设施的价格参差不齐，且监测结果受网络稳定性等因素的影响较大。

3. 本项目实施方案

1）边坡常用人工监测

该项目拟沿边坡顶每隔 10～20m 布置一个监测点，共布置 34 个坡顶位移监测点，边坡高度超过 20m 段，在边坡中部增设一排坡体位移监测点，共布设 16 个坡体位移监测点，布点间距不宜超过规范要求，特殊或重要部位可加密布点，共布设 50 个位移监测点（图 9-4～图 9-6）。

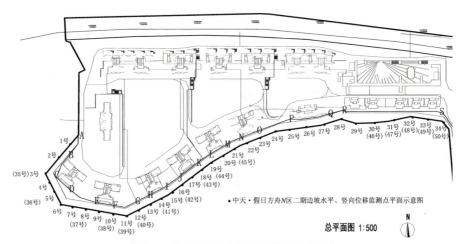

图 9-4　监测点平面布置图（常用人工监测）

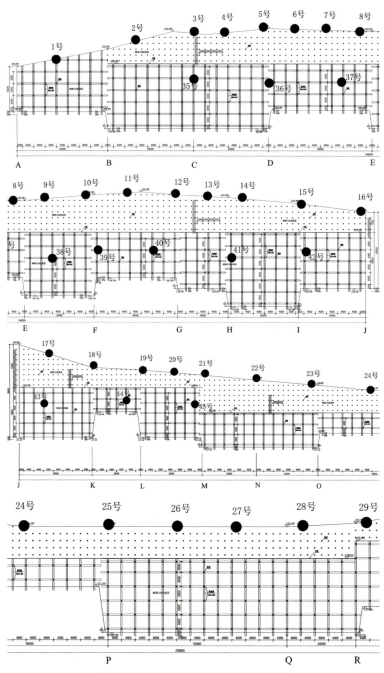

图 9-5 监测点立面图（常用人工监测）

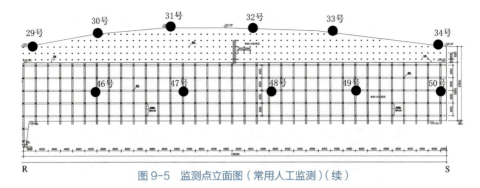

图 9-5　监测点立面图（常用人工监测）（续）

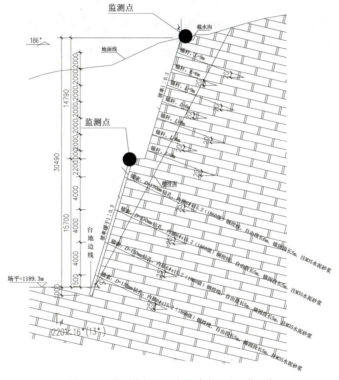

图 9-6　监测点剖面示意图（常用人工监测）

2）机器视觉技术监测

本次采用机器视觉技术监测系统监测的范围为 DEFGHIJK 段边坡，边坡监测段长度约 190m，边坡最大高度约 36m，监测点布设于边坡顶部，共布设 8 个位移监测点（靶标），详见图 9-7。

图 9-7 机器视觉技术监测点布置图

4. 仪器设备（表 9-3）

主要仪器设备一览表　　　　　　　　　表 9-3

序号	监测方法	仪器设备名称
1	边坡常用人工监测	全站仪、小棱镜
2	机器视觉技术监测	机器视觉监测仪、靶标

5. 监测频率选定

1）边坡常用人工监测

监测项目在边坡开挖前应测得初始值，并取至少连续三次稳定值的平均值。

边坡施工期间，不小于 1 次 /d，可根据实际情况适当加密；边坡支护施工完毕后至坡顶场区建设期间 1 次 /2 周，场区建设完成后一年内 1 次 / 月，强降雨后应加密监测，直至变形稳定。

2）机器视觉技术监测

初步设定为 2h/ 次。

6. 预警预报值设定

边坡施工过程中及监测期间遇到下列情况时应及时报警，并采取相应应急措施：

（1）有软弱结构面的岩土边坡支护结构坡顶有水平位移迹象或支护结构受力裂缝有发展；无外倾结构面的岩质边坡或支护结构构件的最大裂缝宽度达到国家现行相关标准的允许值；边坡支护结构坡顶的最大水平位移已大于边坡开挖深度的 1/500 或 20mm，以及其水平位移速度已连续 3d 大于 2mm/d。

（2）边坡坡顶邻近建（构）筑物的累计沉降、不均匀沉降或整体倾斜已大于《建筑地基基础设计规范》GB 50007—2011 第 5.3.4 条规定允许值的 80%。

7. 现场监测及巡查照片（图 9-8～图 9-14）

图 9-8 机器视觉技术监测—设备现场安装

图 9-9 机器视觉技术监测—设备现场调试

图 9-10　机器视觉技术监测—现场情况（案例一）

图 9-11　边坡常用人工监测（案例一）

图 9-12　坡顶积水、积砂、边坡渗水

图 9-13　裂缝

图 9-14 现场巡查

9.4 监测结果和评析

1）本次监测的时间段为 2021 年 3 月 24 日至 2022 年 3 月 24 日，对现场巡查结果以及常规人工手段的监测数据进行分析：

（1）现场巡查发现坡顶有细小裂缝产生，裂缝未有明显发展趋势，未见支护结构有明显裂缝产生；坡顶截水沟有积水、积砂现象，坡顶有孤石、块石，雨期部分坡面存在渗水现象。

（2）根据《建筑边坡工程技术规范》GB 50330—2013 相关规定，结合本项目实际情况，确定本项目水平位移监测预警值为：累计位移值大于 20mm，位移速率大于 2mm/d。总监测周期内，本项目边坡累计水平位移最大点为 19 号测点，累计位移值为 9mm，位移速率为 0.025mm/d，本项目边坡水平位移累计值及位移速率均未超过预警值。

（3）根据《建筑边坡工程技术规范》GB 50330—2013 相关规定，结合本项目实际情况，确定本项目竖向位移监测预警值为：累计位移值大于 20mm，位移速率大于 2mm/d。总监测周期内，本项目边坡累计竖向位移最大点为 9 号测点，累计位移值为 8mm，位移速率为 0.022mm/d。本项目边坡竖向位移累计值及位移速率均未超过预警值。

（4）建议：为保障工程现场安全性，望各方采取相应措施做好边坡坡顶、坡体排水及除砂工作，清理坡顶的孤石、块石，且有效保护现场监测点位，保证监测数据的连续性。

2）本次机器视觉技术监测的时间段为 2022 年 1 月 24 日至 2023 年 1 月 24 日，对采用机器视觉技术监测手段的监测数据进行分析：监测段边坡在监测期内，表面位移（水平位移及垂直位移）在 ±1mm 范围内变化，综合评价为设备在环境（温度、湿度等）影响下的误差所致，目前边坡监测段未发生明显位移现象（图 9-15 ~ 图 9-24）。

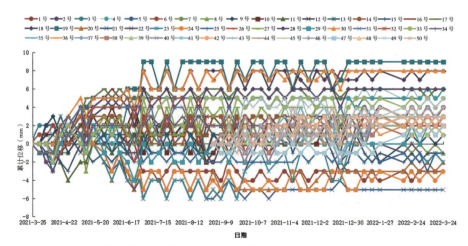

图 9-15　边坡坡体水平位移—时间变化趋势图（边坡常用人工监测）（案例一）

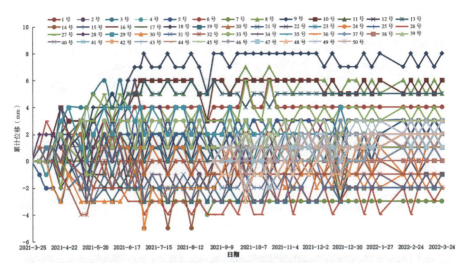

图 9-16　边坡坡体竖向位移—时间变化趋势图（边坡常用人工监测）（案例一）

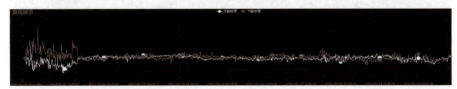

图 9-17　JQ1 号监测点水平及竖向位移—时间变化趋势图（机器视觉技术监测）（案例一）

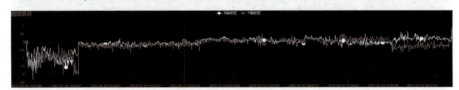

图 9-18　JQ2 号监测点水平及竖向位移—时间变化趋势图（机器视觉技术监测）（案例一）

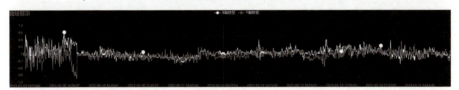

图 9-19　JQ3 号监测点水平及竖向位移—时间变化趋势图（机器视觉技术监测）（案例一）

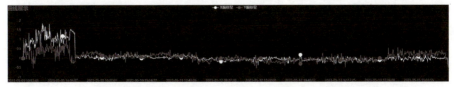

图 9-20　JQ4 号监测点水平及竖向位移—时间变化趋势图（机器视觉技术监测）（案例一）

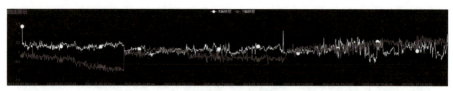

图 9-21　JQ5 号监测点水平及竖向位移—时间变化趋势图（机器视觉技术监测）（案例一）

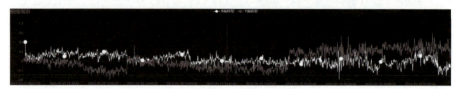

图 9-22　JQ6 号监测点水平及竖向位移—时间变化趋势图（机器视觉技术监测）（案例一）

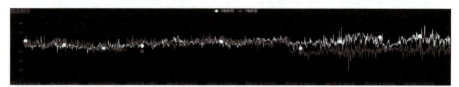

图 9-23　JQ7 号监测点水平及竖向位移—时间变化趋势图（机器视觉技术监测）（案例一）

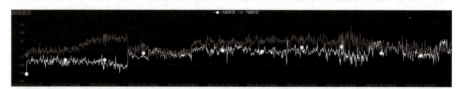

图 9-24　JQ8 号监测点水平及竖向位移—时间变化趋势图（机器视觉技术监测）（案例一）

第 10 章

工程实践案例二

项目概况
项目特征
监测方案
监测结果和评析

10.1 项目概况

10.1.1 项目简介

案例二边坡工程位于贵阳市市区，根据设计图纸可知小区消防道路设计标高为 1113.300～1127.950m，为形成消防道路，将在消防通道东侧形成总长约 80m、最高达 26m 的岩质边坡；边坡使用年限不小于拟建建筑，使用年限为 50 年，为永久性边坡；边坡失稳破坏后果严重，边坡工程安全等级为一级。

10.1.2 工程地质情况

1. 工程环境条件

拟建场地边坡紧邻建筑物，场地上空无架空高、低压电线路越过，场地内地下未发现管道、电缆线和光缆线等设施，故边坡工程环境条件一般。

2. 气象

据《贵州省建筑气象标准》黔 DBJ 22—01—87，工程所在区属北亚热带，冬春半干燥夏季湿润型气候，冬无严寒，夏无酷暑，四季分明，年平均温度 15.3℃，最冷月 1 月平均 4.9℃，最热月 7 月平均 24℃，极端最高 39.5℃，极端最低 -7.8℃，年平均降水量 1174.7mm，集中于下半年；年平均风速 2.2m/s，全年以北东风为主，夏季盛行南风，冬季盛行北风，>8 级的风日数 8d，静风频率为 38%，30 年一遇大风为 21.9m/s，年平均大风（≥8 级）日数为 11.6d，30 年一遇基本风压值 0.35kN/m^2，风荷载较大，建议进行预防处理。年平均相对湿度 77%，年日照数为 1420h，全年积雪深最大达 8cm，年无霜期 261d；全年平均雾日数 9.1d。降雨主要集中于夏秋季节。

3. 地形、地貌及地质构造

1）地形、地貌

拟建场区地貌单元为贵阳岩溶盆地风化溶蚀丘陵地貌，原始地貌总体呈东高西低；原始地形起伏较大，区内现状标高为 1109.000 ~ 1254.000m，相对高差约 145m。

2）地质构造

根据区域地质资料和现场地表地质调查揭露，拟建场地位于贵阳向斜次级五里冲背斜西翼，拟建场地及附近无断层通过。拟建场地出露地层为二叠系茅口组（P_m）地层，岩性为石灰岩，岩层总体产状呈南偏西，实测产状 305°∠57°，岩层层面平直光滑、泥钙质胶结，结合差。

实测 2 组节理裂隙发育情况如下：

J_1：产状 140°∠70°，结构面平直光滑，连续性较好，节理裂隙张开度小于 5mm，延伸长度一般不超过 0.7m，泥钙质胶结，结合差。

J_2：产状 235°∠45°，结构面平直光滑，节理裂隙张开度小于 7mm，延伸受岩层层面控制，一般不超过 0.5m，泥钙质胶结，结合差。

4. 场区岩土结构

根据地表地质调查及现场钻探资料，对边坡岩土构成分述如下：

（1）耕植土：杂色，含植物根系，结构松散。厚度为 0.5 ~ 1.5m，主要分布在边坡坡顶。

（2）中风化石灰岩（P_m）：灰~灰白色，厚层状，节理裂隙较发育，结构面偶见铁质侵染，钙质胶结，胶结程度良好，岩芯呈短柱状、柱状，岩芯采取率 80% ~ 85%，岩石单轴饱和抗压强度 f_{rk} = 34.175MPa，为较硬岩，岩体基本质量等级为Ⅲ级；边坡岩体类型为Ⅳ类（表 10-1）。

岩土物理力学指标建议表　　　　　表 10-1

岩土单元	重度 γ（kN/m³）	内摩擦角 ϕ（°）	黏聚力 c（kPa）	承载力特征值 f_{ak}/f_a（kPa）	岩土与锚固体极限粘结强度标准值 f_{rbk}（kPa）	基地摩擦系数
中风化石灰岩	26.6	38	300	4200	1200	0.65
岩层层面	—	20	60	—	—	—
节理面	—	20	60	—	—	—

中风化石灰岩的边坡岩体类型为Ⅳ类，岩体等效内摩擦角 ϕ_e = 47°。

5. 岩溶及不良地质现象

钻探显示，勘探孔钻探遇溶率为 0%。拟建场区为溶蚀地貌区，据邻近工程开挖揭露情况，结合地面调查，地下岩溶主要为隐伏型，岩溶形态以竖向发育的溶蚀裂隙、溶沟（槽）等形式出现。根据现场边坡开挖情况，结合相邻场地勘察资料，基岩起伏面大于 5m，综合判定场地岩溶发育程度为中等发育。

此外，场区内无断层破碎带、采空区，场地内及附近无滑坡、泥石流等不良地质现象。

10.1.3 场地水文地质情况

1. 地表水

根据场地地形、地质条件及调查，场地附近无常年性地表水体。

2. 地下水

1) 地下水埋藏条件

上层滞水主要赋存于杂填土和红黏土的裂隙中，水量较小，主要为大气降水的补给，无统一水位标高，分布不均匀，常呈透镜状分布，水量受季节影响大。场地位于山前地势较低地段，基岩裂隙水主要赋存于岩溶裂隙中，补给来源为上层滞水下渗或大气降水。初步判断地下水赋存类型主要为包气带水与基岩裂隙水，主要赋存于拟建场地土层空隙与基岩的风化裂隙中，以各种裂隙为相对主要的贮存空间，补给来源为大气降水。目前，地表水均由东侧向西侧相对地势较低处排泄，在场地西侧相对地势较低处排出场外。

2) 地下水实测实量

边坡处于斜坡地段，钻孔终孔 24h 后观测水位，钻孔均为干孔，钻探深度内未发现稳定地下水位。从邻近的建筑项目人工挖孔桩记录来看，拟建场区内地下水位标高约为 1091.000m。

10.1.4 边坡支护形式

消防道路东侧边坡总长约80m，最高达26m，岩质边坡，根据现场实际条件，该段边坡采用锚索+格构梁+挂网喷射混凝土支护。其中，锚索钻孔直径为130mm，预应力钢绞线为6束$\phi^s15.2mm$（1860级）钢绞线，其抗拉强度设计值f_y = 1320N/mm²，锚索自由段长度不小于设计长度，并保证锚索锚固段嵌入完整中风化岩长度不小于6m锚固段长度，灌浆采用M35水泥砂浆；锚索预应力锁定值为450kN；格构梁水平间距为3m、竖向间距为4m，格构梁采用C30混凝土浇筑，截面为400mm×400mm；坡面喷射150mm厚C25混凝土面层，挂$\phi8mm@150mm$双层双向钢筋网片（图10-1、图10-2）。

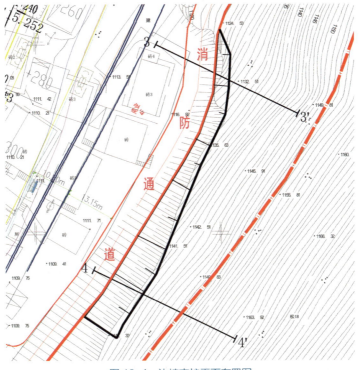

图 10-1　边坡支护平面布置图

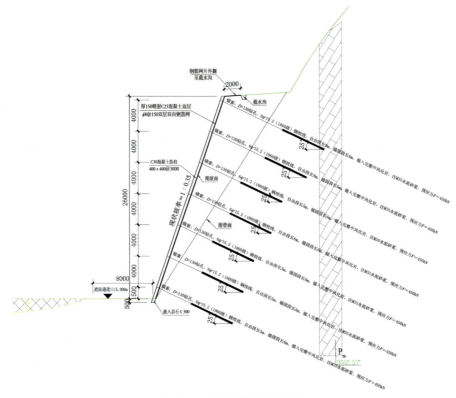

图 10-2　边坡支护典型剖面图

10.2　项目特征

10.2.1　监测的必要性

该项目位于城区，边坡底部为学校人员密集区，开挖边坡山体整体较高。通过监测，了解边坡变化情况，实现边坡信息化施工，并将监测数据作为判断边坡安全和周边环境安全的重要依据；修正设计和施工参数，预估发展趋势，确保施工期及周边建筑的安全运营，提供实测数据；为理论验证提供对比数据，为优化施工方案提供依据；积累区域性设计、施工、监测的经验。

10.2.2 监测方法

本项目采用边坡常用人工监测及机器视觉技术监测系统两种监测手段相结合的方式对边坡进行表面位移监测,并对边坡进行现场人工巡查。

1. 边坡常用人工监测

1)边坡工程监测点的布置应能反映监测对象的实际状态及其变化趋势,监测点应布置在内力及变形关键特征点上,并满足监控要求。

2)边坡工程监测点的布置应不妨碍监测对象的正常工作,并应减少对施工作业的不利影响。

3)监测标志应稳固、明显、结构合理,监测点的位置应避开障碍物,便于观测。

4)现场监测的观测仪器和设备应满足观测精度和量程的要求,并具有较好的稳定性。

5)边坡工程监测工作的准备工作应在边坡开挖前完成。

6)为保证各监测项目的初读数准确,本工程开始监测时应在至少连续三次测得的数值基本一致后,才能将其确定为该项目的初始值。

7)同一观测项目每次观测时,宜符合下列要求:

(1)采用相同的观测路线和观测方法;

(2)使用同一监测仪器和设备;

(3)固定观测人员;

(4)在基本相同的环境和条件下工作。

8)现场巡视检查:边坡工程监测期内,应定期由有经验的监测人员,对边坡工程进行巡视检查并做好记录。巡视检查内容如下:

(1)支护结构:

①支护结构的成型质量;

②格构梁、冠梁有无裂缝出现;

③锚索有无破坏;

④护面有无塌陷、裂缝及滑移；

⑤边坡底部有无异常凸起、渗水等现象。

（2）施工工况：

①开挖后暴露的土质情况与岩土勘察报告有无差异；

②边坡开挖分层高度、开挖分段长度是否与设计工况一致，有无超深、超长开挖；

③边坡场地地表水、地下水排放状况是否正常，边坡降水设施是否正常运转；

④边坡周围地面堆载是否有超载情况。

（3）周边环境：

边坡周边建（构）筑物及地表有无裂缝出现。

（4）监测设施：

①基准点、测点有无破坏现象；

②有无影响观测工作的障碍物；

③监测元件的保护情况。

（5）巡视检查方法和记录：

①主要依靠目测，可辅以锤、钎、量尺、放大镜等工器具以及摄（录）像机进行。

②每次巡视检查应对自然环境（雨水、气温、洪水的变化等）、边坡工程检查情况进行详细记录。如发现异常，应及时通知施工和监理单位相关人员。

③巡视检查记录应及时整理，并与当日监测数据综合分析，以便准确地评价边坡的工作状态。

2. 机器视觉技术监测系统

机器视觉技术监测系统由靶标（安装在被测物体上）、机器视觉监测仪、健康监测管理平台组成。机器视觉监测仪是一台具备边缘计算能力的智能摄像机，采用机器视觉专用硬件与软件系统，可以识别靶标精准坐标，当被测结构物发生平面位移时，靶标坐标随之变化，从而测量到被测物的水平与垂直双向位移。

3. 测量精度

根据本项目实际情况及《建筑变形测量规范》JGJ 8—2016 和《工程测量标准》GB 50026—2020 中第 10.1.3 条的规定，本次监测按二等变形测量级别进行，精度指标如表 9-1 所示。

10.2.3 监测项目

根据《建筑边坡工程技术规范》GB 50330—2013 的规定，边坡工程可根据安全等级、地质环境、边坡类型、支护结构类型和变形控制要求，按表 10-2 进行选择。

边坡工程监测项目　　　　　　　表 10-2

序号	测试项目	测点布置位置	边坡工程安全等级		
			一级	二级	三级
1	坡顶水平位移和垂直位移	支护结构顶部或预估支护结构变形最大处	应测	应测	应测
2	地表裂缝	墙顶背后 1.0H（岩质）~ 1.5H（土质）范围内	应测	应测	选测
3	坡顶建（构）筑物变形	边坡坡顶建筑物基础、墙面和整体倾斜	应测	应测	选测
4	降雨、洪水与时间关系	—	应测	应测	选测
5	锚杆（索）拉力	外锚头或锚杆主筋	应测	选测	可不测
6	支护结构变形	主要受力构件	应测	选测	可不测
7	支护结构应力	应力最大处	应测	选测	可不测
8	地下水、渗水与降雨关系	出水点	应测	选测	可不测

注：本表摘自《建筑边坡工程技术规范》GB 50330—2013。

10.3 监测方案

1. 边坡常用人工监测方案

根据本边坡支护结构的特点,沿边坡顶部支护结构——锚索格构梁的顶部设置水平位移和垂直位移监测点,监测点间距不宜大于20m。监测点设置在与支护结构刚性连接的锚索格构梁的顶部。本次在边坡周边顶部支护结构上设置了6个水平位移和垂直位移监测点,边坡常用人工监测点布置示意图见图10-3。

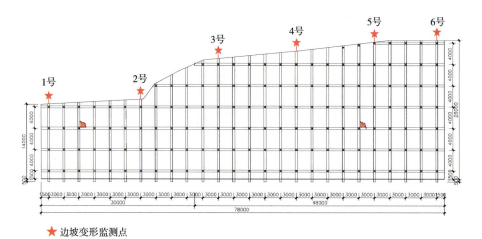

图 10-3 边坡顶部监测点布置示意图

2. 机器视觉技术监测方案

本次采用机器视觉技术监测系统,监测范围边坡共布设6个位移监测点(靶标),详见图10-4。

3. 仪器设备(表9-3)

4. 监测频率选定

1)边坡常用人工监测

监测项目在边坡开挖前应测得初始值,并取至少连续三次稳定值的平均值。

图 10-4　机器视觉技术监测点布置图

边坡施工期间，监测频率不小于 1 次 /d，可根据实际情况适当加密；边坡支护施工完毕后至坡顶场区建设期间 1 次 /2 周，场区建设完成后一年内 1 次 / 月，强降雨后应加密监测，直至变形稳定。

当出现下列情况之一时，应进一步加强监测，缩短监测时间间隔，加密监测次数：

（1）监测项目的监测值达到报警标准；

（2）监测项目的监测值变化量较大或者速度加快；

（3）出现超深开挖、超长开挖、未及时加撑等不按设计工况施工的情况；

（4）支护结构出现开裂；

（5）坡体或围护结构出现凸起、渗水等现象。

当有危险事故征兆时，应连续监测。

2）机器视觉技术监测

初步设定为 1h/ 次，监测频率可根据实际监测数据进行调整。

5. 预警预报值设定

边坡工程施工过程中及监测期间遇到下列情况时应及时报警，并采取相应的应急措施：

（1）土质边坡支护结构坡顶的最大水平位移已大于边坡开挖深度的 1/500 或 20mm，以及其水平位移速度已连续 3d 大于 2mm/d。

（2）土质边坡坡顶邻近建筑物的累积沉降、不均匀沉降或整体倾斜已大于《建筑地基基础设计规范》GB 50007—2011 第 5.3.4 条规定允许值的 80%。

（3）坡顶邻近建筑物出现新裂缝、原有裂缝有新发展。

（4）支护结构中有重要构件出现应力骤增、压屈、断裂、松弛或破坏的迹象。

（5）边坡底部或周围岩土体已出现可能导致边坡剪切破坏的迹象或其他可能影响安全的征兆。

（6）根据当地工程经验判断已出现其他必须告警的情况。

结合《建筑边坡工程技术规范》GB 50330—2013 和该项目施工图纸，确定监测预警值为：边坡顶部水平位移累计值达 30mm，竖向位移累计值达 20mm，变化速率达 2mm/d。监测周期内，应及时处理监测数据。当数据处理结果出现下列情况之一时：变形量达到预警值或接近允许值或变形量出现异常变化，必须即刻通知建设单位和施工单位采取相应措施，并于 24h 内发出纸质通知文件，同时根据实际情况和建设单位要求增加现场监测频率。

6. 现场监测及巡查照片（图 10-5～图 10-8）

图 10-5 现场施工过程

图 10-6 机器视觉技术监测—现场情况(案例二)

图 10-7　边坡常用人工监测（案例二）

图 10-8　格构锚索

10.4　监测结果和评析

1. 监测结果

1）本次边坡常用人工监测的时间段为 2022 年 5 月 21 日至 2023 年 5 月 7 日，通过对现场巡查结果以及边坡常用人工监测手段的监测数据进行分析：

（1）参考设计资料、《建筑边坡工程技术规范》GB 50330—2013 第

19.1.7 条、《建筑基坑工程监测技术标准》GB 50497—2019 第 8.0.4 条确定本项目边坡的水平位移预警值为：位移累计值达 30mm，位移变化速率达 2mm/d。总监测周期内，边坡累计水平位移最大点为 5 号，累计位移值为 8mm，位移变化速率为 0.023mm/d，其余测点累计位移值为 1~7mm；边坡水平位移及位移速率均未超过预警值。

（2）参考设计资料、《建筑边坡工程技术规范》GB 50330—2013 第 19.1.7 条、《建筑基坑工程监测技术标准》GB 50497—2019 第 8.0.4 条确定本项目边坡的竖向位移预警值为：位移累计达 20mm，位移变化速率达 2mm/d。总监测周期内，边坡累计最大竖向位移点为 8 号，位移值为 7mm，位移变化速率均为 0.020mm/d，其余测点累计位移值为 2~6mm；该边坡竖向位移及位移速率均未超过预警值。

2）本次机器视觉监测的时间段为 2022 年 12 月至 2023 年 5 月，通过对采用机器视觉技术监测手段的监测数据进行分析：监测段边坡在监测期内，表面位移（水平位移及垂直位移）在 ±1mm 范围内变化，综合评价为设备在环境（温度、湿度等）影响下的误差所致，目前边坡监测段未发生明显位移现象（图 10-9~图 10-16）。

2. 评析

由于工程需要对场地区域进行开挖或者填筑形成了大量的高边坡（基坑），一般周边环境相对复杂，支护结构和边坡岩土体的稳定性事关重大，

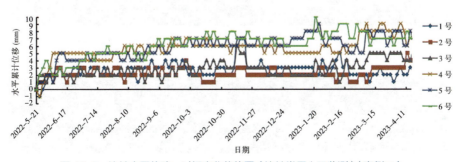

图 10-9　边坡水平位移—时间变化趋势图（边坡常用人工监测）（案例二）

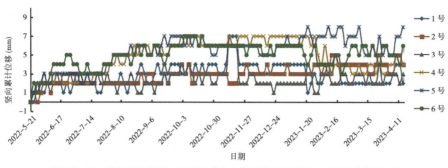

图 10-10　边坡竖向位移—时间变化趋势图（边坡常用人工监测）（案例二）

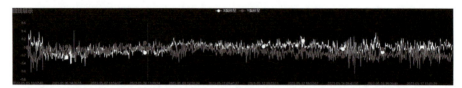

图 10-11　JQ1 号监测点水平及竖向位移—时间变化趋势图（机器视觉技术监测）（案例二）

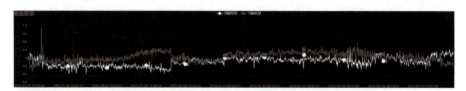

图 10-12　JQ2 号监测点水平及竖向位移—时间变化趋势图（机器视觉技术监测）（案例二）

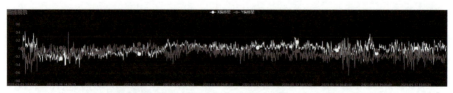

图 10-13　JQ3 号监测点水平及竖向位移—时间变化趋势图（机器视觉技术监测）（案例二）

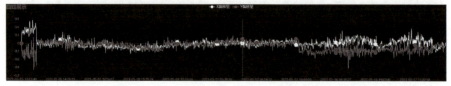

图 10-14　JQ4 号监测点水平及竖向位移—时间变化趋势图（机器视觉技术监测）（案例二）

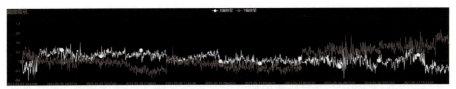

图 10-15　JQ5 号监测点水平及竖向位移—时间变化趋势图（机器视觉技术监测）（案例二）

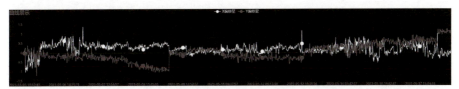

图 10-16　JQ6 号监测点水平及竖向位移—时间变化趋势图（机器视觉技术监测）（案例二）

需要通过边坡施工及运维过程中的变形智能监测，实现边坡工程信息化施工，为高边坡工程的设计—施工动态化过程提供最直观的数据支撑；通过对多个项目采用机器视觉技术监测，可以实现全天候的监测，提升土木工程结构安全健康监测能力和水平，能及时、连续、准确地了解结构安全健康状态，在时间和空间上实现真正意义上的风险预测，使预警预报更加及时、精准、有效，能最大限度地降低人员伤亡与减少经济损失；提前感知和预防灾害的发生，为构建"智慧工程监测"提供技术支撑。

本项目边坡常用人工监测的时间段为 2022 年 5 月 21 日至 2023 年 5 月 7 日、机器视觉技术监测的时间段为 2022 年 12 月至 2023 年 5 月。2022 年 12 月至 2023 年 5 月间边坡常用人工监测的结果为 1~8mm 波动，机器视觉技术监测的结果为 0~9mm 波动，对比边坡常用人工监测与机器视觉技术监测成果发现，监测数据变动趋势及变化量基本一致，机器视觉技术监测能实现边坡等结构物外观表面位移监测的要求。另外，机器视觉技术监测能实现实时在线监测与预警预报功能，因此机器视觉技术监测在结构物外观位移监测方向有很大的应用场景。

传统方法采用精密全站仪，精度更高，测量结果更可靠，但对场地条件要求高，监测结果与人员熟练程度、技术水平息息相关，因此具有较大的不确定性。此外，传统的测量方法也存在一些其他问题，比如监测所处环境复杂险恶、人身安全难以得到保障、长期监测等于长期投入、成本较高且难以维系。另外，人工监测频率受限，受干扰的因素多，在特殊情况（如极端天气条件）下难以获得有效数据等，都是制约传统的全站仪精密监测边坡变形的因素。因此，该项目结合当下监测行业新技术，采用机器视觉技术监测装置，在边坡监测技术基础上采用了大胆的创新和突破，很大程度上改善了传统监测的弊端，在保证监测精度的前提下，实现了连续实时监测和远程可视化监控，把项目安全风险降至最低。

参考文献

[1] 中华人民共和国住房和城乡建设部. 建筑变形测量规范：JGJ 8–2016[S]. 北京：中国建筑工业出版社，2016.

[2] 中华人民共和国建设部，中华人民共和国国家质量监督检验检疫总局. 工程测量规范：GB 50026–2020[S]. 北京：中国计划出版社，2020.

[3] 中华人民共和国住房和城乡建设部. 建筑地基基础设计规范：GB 50007–2011[S]. 北京：中国计划出版社，2012.

[4] 中华人民共和国建设部，中华人民共和国国家质量监督检验检疫总局. 建筑地基基础工程施工质量验收标准：GB 50202–2018[S]. 北京：中国计划出版社，2018.

[5] 中华人民共和国住房和城乡建设部. 建筑边坡工程技术规范：GB 50330–2013[S]. 北京：中国建筑工业出版社，2014.

[6] 中华人民共和国住房和城乡建设部. 建筑边坡工程鉴定与加固技术规范：GB 50843–2013[S]. 北京：中国建筑工业出版社，2013.

[7] 中华人民共和国住房和城乡建设部. 建筑基坑支护技术规程：JGJ 120–2012[S]. 北京：中国建筑工业出版社，2012.

[8] 段向胜，周锡元. 土木工程监测与健康诊断：原理、方法及工程案例 [M]. 北京：中国建筑工业出版社，2010.

[9] 佘小年，傅鹤林，罗强，等. 公路滑坡崩塌地质灾害预测与控制技术 [M]. 北京：人民交通出版社，2010.

[10] 刘兴远，雷用，康景文. 边坡工程设计监测鉴定与加固 [M]. 北京：中国建筑工业出版社，2015.

[11] 朱宏平，罗辉，翁顺，等. 结构"健康体检"技术：区域精准探伤与安全数字化评估 [M]. 北京：中国建筑工业出版社，2019.

[12] 郑展鹏，窦强，陈伟伟，等. 数字化运维 [M]. 北京：中国建筑工业出版社，2019.

[13] 李永保, 孙健杰, 杨前, 等. 高边坡、深基坑组合式支护结构施工技术及控制要点[C]// 中冶建筑研究总院有限公司. 2022年工业建筑学术交流会论文集. [出版地不详]: [出版者不详], 2022: 1118-1122.

[14] 蔡明宏. 深基坑边坡支护与施工技术研究[J]. 科技资讯, 2022, 20 (15): 106-108.

[15] 张晋. 山地建筑的边坡支护及治理研究[J]. 中国设备工程, 2022 (12): 258-260.

[16] 陈星星. 某岩石高边坡支护结构变形破坏分析及治理措施[J]. 中国水运, 2022 (6): 158-160.

[17] 冉益铭, 王炳元, 李勇斐. 基坑边坡开挖过程变形特性分析[J]. 四川水泥, 2022 (2): 33-34, 39.

[18] 唐竞, 赵云刚, 许德鲜, 等. 露天矿区基坑边坡支护结构变形量估计方法[J]. 勘察科学技术, 2021 (6): 6-10.

[19] 杨文俊. 土木工程建筑施工中的边坡支护技术分析[J]. 住宅与房地产, 2021 (28): 237-238.

[20] 贾会法, 贾超杰. 基坑边坡稳定性分析及治理研究[J]. 资源信息与工程, 2021, 36 (4): 117-119.

[21] 陈永奇, 吴子安. 变形监测分析与预报[M]. 北京: 测绘出版社, 1998.

[22] 岳东杰. 水利水电工程变形监测中GPS技术与数据处理研究[D]. 南京: 河海大学, 2006.

[23] 王静瑶, 吴云. 现代地壳运动与地震监测预报研究的现状和发展趋势[J]. 地球科学进展, 2000, 15 (1): 84-89.

[24] 陈俊勇. 中国地壳运动观测网络简介[J]. 测绘通报, 1997, 2: 8-11.

[25] 胡友健, 梁新美, 许成功. 论GPS变形监测技术的现状与发展趋势[J]. 测绘科学, 2006, 31 (5): 155-157.

[26] 周硕愚, 张跃刚, 丁国瑜, 等. 依据GPS数据建立中国大陆板内块体现时运动模型的初步研究[J]. 地震学报, 1998 (4): 347-355.

[27] 顾国华, 王敏. 利用GPS观测到中国大陆地壳水平运动[J]. 全球定位系统, 2001, 26 (4): 23-30.

[28] LIU Z, TSUDA T, WATANABE H, et al. Data driven cyber-physical system for landslide detection[J]. Mobile networks and applications, 2019, 24 (3): 991-1002.

[29] UCHIMURA T, TOWHATA I, ANH T T L, et al. Simple monitoring method for precaution of landslides watching tilting and water contents on slopes surface[J]. Landslides, 2010, 7 (3): 351-357.

[30] 王学敬. 光纤传感智能监测系统在复杂基坑工程中的应用研究[J]. 铁道建筑技术,

2019（12）：107-110，158.

[31] 李爱陈，池恩安，马建军，等. GPS 实时监测系统在露天边坡变形监测中的应用[J]. 采矿技术，2020，20（1）：140-144.

[32] 刘斌，葛大庆，李曼，等. 地基 InSAR 评估爆破作业对露天采矿边坡的稳定性影响[J]. 遥感学报，2018，22（S1）：139-145.

[33] SUN Q，ZHANG L，DING X L，et al. Slope deformation prior to Zhouqu, China landslide from InSAR time series analysis[J]. Remote Sensing of environment，2015，156：45-57.

[34] KHUC T，CATBAS F N. Computer vision-based displacement and vibration monitoring without using physical target on structures[J]. Structure & infrastructure engineering，2016：505-516.

[35] TIAN L，PAN B. Remote bridge deflection measurement using an advanced video deflectometer and actively illuminated LED targets[J]. Sensors，2016，16（9）.

[36] LEE J，CHO S，SHINOZUKA M，et al. Evaluation of bridge load carrying capacity based on dynamic displacement measurement using real-time image processing techniques[Z]. 2006.

[37] FENG D，FENG M Q. Model updating of railway bridge using in situ dynamic displacement measurement under trainloads[J]. Journal of Bridge Engineering，2015，20（12）.

[38] CHEN J G，ADAMS T M，SUN H，et al. Camera-based vibration measurement of the World War I memorial bridge in Portsmouth，New Hampshire[J]. Journal of structural engineering，2018，144（11）：4，18，207.

[39] KHUC，T C，et al. Structural identification using computer vision-based bridge health monitoring[J]. Journal of structural engineering，2018，144（2）.

[40] FENG D，SCARANGELLO T，FENG M Q，et al. Cable tension force estimate using novel noncontact vision-based sensor[J]. Measurement，2017，99：44-52.

[41] OJIO T，CAREY C.H.，OBRIEN E J，et al. Contactless bridge weigh-in-motion[J]. Journal of bridge engineering，2016，21（7）：4，16，32.

[42] 刘俊岩，等. 建筑基坑工程监测技术规范实施手册[M]. 北京：中国建筑工业出版社，2010.

[43] 郑颖人，邱陈瑜，张红，等. 关于土体隧洞围岩稳定性分析方法的探索[J]. 岩石力学与工程学报，2008（10）.

[44] 张静辉，等. 抗滑桩与滑坡体相互作用的非线性有限元研究[J]. 三峡大学学报，

2005（1）．

[45] 杨光华，等．根据应力场和位移场判断滑坡的破坏类型及最优加固位置确定[J]．岩石力学与工程学报，2012（9）．

[46] 杨国祥，李侃，赵锡宏，等．大型超深基坑工程信息化施工研究：上海外环隧道的浦西基坑工程[J]．岩土工程学报，2003（8）．

[47] 刘惠涛，吴贤国，王震．武汉绿地中心超深超大基坑工程施工及安全控制分析[J]．施工技术，2014（9）．

[48] 黄声亨，尹晖，蒋征．变形监测数据处理[M]．武汉：武汉大学出版社，2010．

[49] 邓聚龙．灰色预测和决策[M]．武汉：华中理工大学出版社，1986．

[50] 秦杏春．地铁车站深基坑稳定性现场监测及数值模拟研究[D]．西安：西安科技大学，2007．

[51] 王颖．桩锚支护深基坑变形的有限元分析与神经网络预测[D]．广州：广东工业大学，2014．

[52] 王东，褚景倍，曹兰柱．软岩边坡稳定性的地表位移监测[J]．露天采矿技术，2012（1）：33-35，37．

[53] 向璐．基于单目视觉的边坡位移监测研究[D]．重庆：重庆交通大学，2013．

[54] 丁险峰，吴洪，张宏江，等．形状匹配综述[J]．自动化学报，2001（5）：678-694．

[55] 刘永奎．Freeman 链码压缩算法的研究[J]．计算机学报，2001（12）：1294-1298．

[56] 杨晓敏，吴炜，卿粼波，等．图像特征点提取及匹配技术[J]．光学精密工程，2009（9）：2276-2282．

[57] 金云鹏，何习平，吴定邦，等．边坡变形预测研究现状与发展趋势[J]．江西科学，2020（1）：48-53．